हर्फ़-ए-आवारा

[ग़ज़लें]

हर्फ़-ए-आवारा

अभिषेक शुक्ला

राजकमल प्रकाशन

ISBN : 978-93-89598-00-1

मूल्य : ₹ 395

पहला संस्करण : 2020

प्रकाशक : राजकमल प्रकाशन प्रा. लि.
1-बी, नेताजी सुभाष मार्ग, दरियागंज
नई दिल्ली-110 002
शाखाएँ : अशोक राजपथ, साइंस कॉलेज के सामने, पटना-800 006
पहली मंजिल, दरबारी बिल्डिंग, महात्मा गांधी मार्ग, इलाहाबाद-211 001
36 ए, शेक्सपियर सरणी, कोलकाता-700 017
वेबसाइट : www.rajkamalprakashan.com
ई-मेल : info@rajkamalprakashan.com

मुद्रक : बी.के. ऑफ़सेट
नवीन शाहदरा, दिल्ली-110 032

HARF-E-AWARA
Ghazals by Abhishek Shukla

तुम्हारे 'हुस्ना' होने के नाम

सबा, बे लुत्फ़ बेगू आन् ग़िज़ाले रा'ना रा।
कि सर बे कूह् ओ बयाबान् तू दादे ई मारा।

ऐ सबा! मेहरबानी करके उस ख़ुशक़ामत मा'शूक़ से यह कह देना कि तुमने हमें पहाड़ों और बयाबानों में दीवानावार भटका रखा है।

—ख़्वाजा हाफ़िज़ शीराज़ी

तेरी कमी में रोज़ इज़ाफ़ा करेगी उम्र,
और इस कमी को कम भी नहीं कर सकूँगा मैं।

—**अभिषेक शुक्ला**

क्रम

ग़ज़ल का नया कूज़ागर

इक्कीसवीं सदी के आते-आते हमारी ज़बान, उसके तख़्लीक़ी ख़मीर और अदबी सक़ाफ़त की ज़मीन की तहों में एक शदीद उथल-पुथल शुरू हुई और जल्द ही दबे हुए ज़लज़लों की लहरें सतह पर मुँह निकालने लगीं। ये इस ज़मीन के सख़्त गुस्से और मलाल का इज़हार था जो इसकी गोयाई को गुमराह किये जाने पर पैदा हुआ था। इस सूरत-ए-हाल को उर्दू शा'इरी, ख़ास तौर पर ग़ज़ल के अक़्वाल-ओ-मुआमलात तक रख कर देखें तो ग़ज़ल की तवानाई फ़ैशन और फ़्यूज़न दोनों राहों से गुज़र कर ज़बरदस्त तख़्लीक़ी धमाकों की तैयारियाँ कर रही थी और सदी की दूसरी दहाई लगते ही इन धमाकों के आसार और असरात ज़ाहिर होने लगे। इन में से न्यूक्लियाई फ़ैशन की राह से होने वाले धमाकों ने राइज और मुक़्तदर अवामी या अवामज़दा ग़ज़ल के इलाक़ों पर तबाही का साया किया और फ़्यूज़न के ज़ाइदा धमाकों ने हज़ारों सूरजों की ताबकारी पैदा की और तख़्लीक़ियत के नये-नये सितारों और उनके इम्कानात को रौशन किया। ग़ज़ल के इस अर्ज़ियाती और फ़लकियाती इन्क़लाब में चेहरा पाने वाले ताबिन्दातरीन सितारों में अभिषेक शुक्ला ने अपना एक ख़ास स्वाद और रंग-रक़्स हासिल कर लिया है बल्कि अब वो ग़ज़ल के इस नये क़ाफ़िले के सालारों में शुमार होने लगे हैं।

पिछली सदी की आख़िरी तीन दहाइयाँ हमारी शा'इरी और अदबी सक़ाफ़त पर बहुत भारी गुज़री हैं और अफ़सोस इस पर है कि ये बोझ एक निहायत कराहतअंगेज़ हल्केपन और सतहीयत का नतीजा था। तब शाइ'री का आसमान तेज़ी से अपने आफ़ताबों, माहताबों और सितारों से ख़ाली होने लग गया था और उनकी जगह बरेलवियों, इन्दौरियों, भोपालियों, देवबन्दियों और कानपुरियों के संगरेज़ों से भरी जाने वाली थी। अदबी शा'इरी की बिसात चन्द रिसालों के औराक़ तक महदूद थी और इस का बेशतर हिस्सा जितना ठंडा और बेमज़ा था, उतने ही मुर्दा-ज़ौक़ और कुहना-एहसास उसके पढ़ने वाले थे। बेशक उस वक़्त शह्रयार जैसी नर्म-आहंग, सादा, पुरकार और इर्फ़ान सिद्दीक़ी जैसी गर्म-गुफ़्तार जगमगाहट भी हमारे शे'री उफ़क़ को मयस्सर थी मगर ये इस्तसनाई वाक़यात थे और इनमें ऐसी मसीहानफ़सी नहीं थी कि आम अदबी मुर्दनी में ज़िन्दगी की जुम्बिश डाल सके। दूसरी तरफ़

हज़ारों-लाखों अन्दर से खोखले, पत्थर दिमाग़, बंजर दिल और तारीक रूह साम'ईन का ठाठें मारता समन्दर था। उनके पास समा'अत ही समा'अत थी, बीनाई थी ही नहीं। उनके पास ज़बान की कोई फ़ह्म थी न वजूद का कोई तज्रबा और न शा'इरी का कोई ज़ौक़। न उनके दिमाग़ सोचते थे न दिल धड़कते थे। औसत से कम ख़यालात, औसत से कम जज़्बात और औसत से कम एहसासात। ये न तो ख़ुश होते थे न दुखी और न इनसे मुहब्बत होती थी। कामचलाऊ ख़यालात और तज्रबों से चलने वाले इन लोगों के पास ग़ुस्से, नफ़रत, इन्तक़ामी जज़्बात और सतही रूमानी, जिन्सी लज़्ज़तों के सराबों के सिवा और कोई ऐसी सिफ़त नहीं थी जिस से इन्हें इनसानों में शुमार किया जा सके। अपने आप को नफ़्सियात के सुपुर्द करके अपने इनसानी मज़हब से मा'ज़ूल हो जाने वाले ये लोग ही मुशा'इरे के पण्डालों में मुतलक़-उल-अना हुक्मरानों की तरह दरबार करते थे और उसी दरबार में उनके जैसे ही खोखले शा'इर जिन में बेशतर नाशा'इर थे, शा'इरीनुमाई के करतब दिखाते थे। लेकिन अफ़सोस कि ये सारी सूरत-ए-हाल जिसे अब तक 'थे' के साथ बयान किया गया, आज भी वहीं की वहीं मौजूद है बल्कि भयानकतर होती जा रही है।

फिर भी इतनी बड़ी ज़ुबान की इतनी जलील-उल-क़द्र शे'री रिवायत की तख़्लीक़ी जौलानियों को चन्द टुटपुँजिये तिजारतपेशा शा'इरों, नाशा'इरों तारीक-फ़ह्म साम'ईन की साज़िशों से न दबाया जा सकता है न शिकस्त दी जा सकती है। हवसपरस्तों के हाथों मुसल्सल ज़िल्लतें बर्दाश्त करते-करते उर्दू शा'इरी के तख़्लीक़ी जलाल ने नये दिलों और दिमाग़ों में अपने इश्क़ के बीज डालने शुरू किये और इनकी मिट्टी को अपने आब-ए-रवाँ से सींचने का आग़ाज़ किया और बहुत जल्द उसके आशिक़ों की नयी पौध सर उठाने लगी। अभिषेक और उनके हमअस्र, हमउम्र, हमनवा आशिक़ान-ए-शे'र उर्दू शा'इरी की तख़्लीक़ी और जमालियाती आबरू की बहाली और तहफ़्फ़ुज़ की जद्दोजहद के हरावल दस्ते के अफ़राद हैं। इनमें से बहुत से नौजवानों को अपने घर और समाजी, सक़ाफ़ती माहौल में शा'इरी की बहुत-सी रौशनियाँ मयस्सर थीं मगर अभिषेक का मु'आमला इससे मुख़्तलिफ़ है कि उसके घर और माहौल में ऐसी कोई पुश्तैनी इमदाद हासिल नहीं थी। इस के बावजूद शा'इरी का जमाल-ओ-कमाल और रस-जस इस शख़्स तक इस तरह और इस आन-बान के साथ पहुँचा तो इस वाक़ये को इसके सिवा किसी और तरह से समझना मुहाल है कि ख़ुद उर्दू शा'इरी की रूह ने उसकी रूह में हुलूल किया और उसके सीने पर अपने रम्ज़ के असरार खोल दिये। इस किताब में शामिल बेशतर ग़ज़लें गुज़िश्ता पाँच, छह या ज़ियादा से ज़ियादा सात-आठ साल की कमाई हैं। इसका मतलब ये है कि अभिषेक ने अपनी शा'इरी के सक़ाफ़ती और तख़्लीक़ी लाश'ऊर के दबिस्तान में ता'लीम की मसाफ़त निहायत तेज़ रफ़्तारी से तय की है। सच्ची शा'इरी के साथ मेरा मु'आमला हमेशा ईमान

बिलग़ैब का सा रहा है सो अभिषेक की ज़बान से मेरी समा'अत तक पहुँचने वाला पहला शे'र ही उसे शा'इर तस्लीम कर लेने को काफ़ी था। अपनी शे'री साधना के अवा'इल में ही उसका ये शे'र :

तमाम शह्र पे इक ख़ामुशी मुसल्लत है
अब ऐसा कर कि किसी दिन मेरी ज़बाँ से निकल।

बहुत कुछ कहता हुआ-सा महसूस हुआ था। वो कौन है जिसे अपनी ज़बान से निकलने के लिए आवाज़ दी जा रही है। यहाँ मफ़ाहीम की कसरत में क्या ये मफ़हूम भी मौजूद नहीं है कि ये आवाज़ अपनी ज़बान और उसकी शेरी सरिश्त के दरवाज़े पर दी जाने वाली दस्तक है कि मेरी ज़बान निरे इज़हार के लिए चश्म-ब-राह है।

अभिषेक कई राहों, ज़ावियों और तरफ़ों से हमें हैरत में डालता है। बयान-ओ-इज़हार के बेशतर वसा'इल पर ख़ासी बड़ी हद तक क़ुदरत और मिसरा साज़ी में फ़ित्री सलासत का एहतमाम उसकी ग़ैरमामूली शे'री सलाहियतों के गवाह हैं। हुनरमन्दाना इब्हामकारी की राह से म'आनी आफ़रीनी, मुतदावल मज़ामीन की तख़्लीक़ी तश्कील-ए-नौ और लफ़्ज़ों के तमामतर मा'नों के इम्कानात को उनके मा'नवी धुँधलकों की हद तक ले जाकर गिरफ़्त में लाने की क़ुव्वत, जुर्रत और जसारत और उसके साथ ही शे'र में लुत्फ़ का पहलू बचा रखना ऐसे औसाफ़ हैं जो अभिषेक को ग़ज़लगोई के रम्ज़ आशनाओं और असरार आगाहों में जगह दिलाने के लिए काफ़ी से ज़ियादा हैं। हक़ीक़त को ख़्वाब और ख़्वाब को हक़ीक़त में तब्दील करना, बनी-बनाई चीज़ों को तोड़कर नई शक्लें बनाना और मानूस, नामानूस को एक दूसरे के गोश्त से शिनाख़्त करना, उसे वजूद देना, कायनात से मुता'ल्लिक़ तज्रबे के लाज़मी निशानात हैं।

1) गिरिया की इक क़दीम रिवायत है इश्क़ में
ख़ुद पर हज़ार ढंग से रोने के दिन हैं ये।

2) इक मुस्तक़िल सफ़र है तेरी आरज़ू मुझे
और ख़ुद को ताज़ादम भी नहीं कर सकूँगा मैं।

3) रही सही मेरी वहशत भी इख़्तिताम पर आए
ख़िरद से कहना कई दिन हुए हैं काम पर आए।

4) मैं अपने आप से कुछ दूर छुप के बैठा हूँ
ये देखने के लिए कौन देखता है मुझे।

5) यूँ टहनियों से हवा फूल ले के आई है
कि जैसे अपनी उदासी को पूजना है मुझे।

6) ये जो कजलाई हुई लगती हैं आँखें मेरी
मैंने उठ-उठ के यहाँ आग जलाई है बहुत।

7) आग की तफ़्सील में जाना भी कार-आमद रहा
अब चराग़ों की समझ से मावरा रहता हूँ मैं।

8) दश्त होना भी बड़ा ज़ुल्म है अपने ऊपर
फिर कोई शह्र-ब-दर आन पड़ा है मुझमें।

9) कभी मिले ही नहीं आसमान-ए-इश्क़ में फिर
वो आफ़्ताब हुआ माहताब हो गए हम।

10) जाविदानी वो लतीफ़ा है कि हँसते रहिये
कोई भी इस अजल-आसार में ज़िन्दा नहीं है।

ये इधर-उधर से बिला इख़्तिसासी इन्तख़ाब किये गए चन्द शे'र हैं, जिनसे अभिषेक के तख़्लीक़ी इम्कानात के फैलाव और ग़ज़लगोई के तह-दर-तह आफ़ाक़ की आइन्दगी का अन्दाज़ा लगाया जा सकता है। आने वाले बरसों में अभिषेक और ग़ज़ल एक-दूसरे से क्या सुलूक रवा रखते हैं, इसका इशारा ख़ुद उसके इस शे'र में मौजूद है :

अब इसके बा'द मेरी क़ुव्वत-ए-नुमू जाने
मैं लौट आया हूँ मिट्टी में गाड़ कर ख़ुद को।

—फ़रहत एहसास

बात अब वह्म-ओ-फ़ह्म के बस में नहीं

जौन ईलिया ने कभी कहा था :

तू भी किसी के बाब में अह्दशिकन हो ग़ालिबन,
मैंने भी 'एक शख़्स' का क़र्ज़ अदा नहीं किया

मौसूफ़ की तरह मेरा भी मानना है कि हर धड़कता दिल या तो ख़ुद किसी का क़र्ज़दार होता है या कोई उसका। दरअस्ल इसी सिलसिले का नाम मुहब्बत है। मैं दुनिया-ए-अदब में हुई तमाम समाजशास्त्रीय बहसों और तहरीकों के हवाले से आपको बताने या समझाने की कोशिश कर सकता था कि शा'इर आख़िर शे'र क्यों कहता है? या फिर सीधा ये कि मैं शे'र क्यों कहता हूँ? फिर मुझे लगा कि अगर सवाल सीधा है तो उसका पहला और आख़िरी सीधा जवाब भी यही बनता है कि मैंने मुहब्बत की है। आपने देखी होंगी ऐसी बाउलियाँ या सुने होंगे उनके क़िस्से जिनमें पानी हमेशा बना रहता है और किसी ख़ज़ाने की चाभी कोई मो'तबर शख़्स उसमें फेंक गया होता है कि वो ख़ज़ाना दुश्मनों के हाथ न लगे। मैं वही बाउली हूँ। हद तो ये है कि अपने लिए वो मो'तबर शख़्स भी मैं ही हूँ कि जिसने ख़ुद अपने ख़ज़ाने की चाभी फेंकी है। मुश्किल बस इतनी है कि जब तक हाफ़िज़ा सलामत है, मैं वो चाभी ढूँढ़ता रहूँगा जिसका मिलना मेरे लिए नागुज़ीर भी है और नामुमकिन भी।

इस लिहाज़ से शे'र कहना मेरे लिए अपनी वहशत को ख़िराज देना है। मैं जो महसूस करता हूँ, बयान करता हूँ और कई बार जिन तज्रबों की आँच सीधे मुझ तक नहीं भी आई होती है, उन्हें गिरफ़्त में लेने की कोशिश करता हूँ कि शे'र कह सकूँ। ज़ाहिर है उन तमाम लोगों से इंटरैक्शन इसमें मेरी मदद करता है जिनका साथ मुझे मयस्सर है, जिनकी हक़ीक़तें और कई बार कहानियाँ भी इन ग़ज़लों का ईंधन हैं कि तयशुदा साँसों में एक शख़्स कितने तज्रबे कर सकता है? यही सबब है कि मुझे अवाम के बीच रहना, उनसे बातें करना पसन्द है कि ज़ुबान और बयान की शीरीनी का चश्मा वहीं से फूटता है। समाज मेरी शिनाख़्त में लाज़मी तौर पर शामिल है। अगर किसी अकेली चीज़ पर मुझे फ़ख़्र महसूस हो सकता है तो शायद वो

यही होगी कि मैं एक आम आदमी हूँ और मेरी सारी जद्द-ओ-जहद ज़िन्दगी और शा'इरी में भी, अपने इस आम आदमी की तरफ़दारी करने की, उसे बचाये रखने की होगी। जहाँ तक शा'इरी की बात है तो मेरा मु'आमला भी फ्रांसीसी शा'इर और ड्रामानिगार ज्याँ कॉक्तो वाला ही है कि 'शा'इरी के बग़ैर काम नहीं चल सकता, मगर मुझे मा'लूम नहीं कि वो काम क्या है?' एक अजीब छटपटाहट-सी ज़रूर होती है मगर हमेशा वो शे'र कहने की हो, ऐसा नहीं। बल्कि अख़्तर उल ईमान की तरह कई बार शे'र कहकर यही महसूस होता है कि वो बात गिरफ़्त से बाहर निकल गई जिसे बयान करना था, जो बयान नहीं हो पाया है वो ख़ुद यही चाहता है कि बात जारी रखी जाए। ये सिलसिला कई बार एक मुकालमे की शक्ल ले लेता है, कई बार ख़ुदकलामी की और कई बार हालत ये होती है कि :

बक रहा हूँ जुनूँ में क्या-क्या कुछ,
कुछ न समझे ख़ुदा करे कोई।

ज़ाहिर है ऐसे में कोई समझ ले तो भी अगला शे'र कहने की तहरीक मिलती है, न समझे तो भी। आचार्य हजारी प्रसाद द्विवेदी ने किसी के पूछने पर ठीक ही कहा था कि सबसे बड़ा सुख है 'समझा जाना' और सबसे बड़ा दुख इसका ठीक उल्टा यानी न समझा जाना। बहरहाल शा'इर के लिए ये दोनों सूरतें काम की हैं। मेरा ये भी मानना है कि शा'इर अपनी शा'इरी के बाहर अपनी ज़िन्दगी में भी एक तहरीक का हिस्सा, कई बार ख़ुद एक तहरीक हुआ करता है। सरापा एहतिजाज में बदल जाना भी उसकी नियति हुआ करती है कई बार कि हबीब जालिब को भी हमने देखा है मगर इन सबमें एक बात जो कॉमन मिलेगी वो ये कि शा'इरी इनके लिए सिर्फ़ अपनी ज़ात का इज़हार भर नहीं रह जाती, वो कई बार बग़ावत का अलम और प्रतिरोध की प्रतिनिधि आवाज़ बन जाती है जैसे कि महमूद दरवेश के यहाँ हमने देखी। यानी शा'इरी इज़हार की ज़ात भी है, इज़हार तमामतर इनसानी क़ुव्वतों और जज़्बात का। मैं ख़ुद को भी इसी क़बील का एक हक़ीर फ़र्द मानता हूँ जिसे ये कहने में कोई परेशानी नहीं कि उसे नहीं मा'लूम कि उर्दू ग़ज़ल की तीन सौ साला रिवायत में ये अश'आर उसके अह्द की ग़ज़ल के नुक़ूश दर्ज करने में क्या किरदार निभाएँगे, निभाएँगे भी कि नहीं मगर इतना ज़रूर मा'लूम है कि ग़ज़ल वहीं नहीं है जहाँ वली के वक़्त थी, वहाँ भी नहीं है जहाँ मीर या ग़ालिब ने उसे छोड़ा था, वहाँ भी नहीं जहाँ फ़िराक़ और फ़ैज़ ने उसे जगह दी थी, वो तो बानी, इरफ़ान सिद्दीक़ी, ज़ेब ग़ौरी से होती हुई फ़िलहाल फ़रहत साहब और शारिक़ साहब के पास है और वो इसी में ख़ुश है कि इन दोनों लोगों का बेहद प्यार मुझे मिला है।

आख़िरी और सबसे अहम बात ये कि मैं अपनी ग़ज़ल पर ख़ुद बात नहीं करूँगा। ये मेरा काम नहीं है। अगर इनमें कुछ हुआ तो ये आपसे ख़ुद बातें कर लेंगी। मेरी करम फ़र्मा और बेहद पसन्दीदा शा'इरा अस्मा सलीम के अल्फ़ाज़ में कहूँ तो :

बात अब वह्म-ओ-फ़ह्म के बस में नहीं
वह्म-ओ-फ़ह्म के मा'लूम दायरों में भटकती बात
ज़िन्दगी और मौत की इज़ाफ़तों को मानवीयत बख़्शती ज़ात
अब किसी और ही मक़ाम पर है
जहाँ हर एक साथ छूटता है
अपना आप मुकम्मल तौर पर टूटता है
कोई ओढ़ा पहना हुआ मैं न तू
किसी ख़्वाहिश की आग, सौदा-ए-जुस्तजू
कहीं भी कुछ और नहीं
दूसरे का कोई छोर नहीं
ज़िन्दगी और मौत की बेम'आनी इज़ाफ़तों से अलग
'ला' का सफ़र इस्बात के मर्हले में दाख़िल होता है
'हू' के चाक पर नए रक़्स का आग़ाज़ होता है
बात अब वह्म-ओ-फ़ह्म के बस में नहीं

—अभिषेक शुक्ला
लखनऊ

1

पा-ए-उम्मीद[1] पे रक्खे हुए सर हैं हम लोग।
हैं न होने के बराबर ही मगर हैं हम लोग।

ख़ून निकले तो फिर अर्मान की सूरत निकले,
अपनी तलवार उठा सीना-सिपर हैं हम लोग।

जितनी जल्दी हो बस अब हमसे किनारा कर ले,
तू सफ़ीना[2] है मेरी जान भँवर हैं हम लोग।

हम पे इतना भी यक़ीं ठीक नहीं जान-ए-बहार,
उड़ती-उड़ती सी फ़क़त एक ख़बर हैं हम लोग।

हुस्न की धार से उतरेंगे हम इंशा अल्लाह,
शाना-ए-इश्क़[3] पे आया हुआ सर हैं हम लोग।

हम में घर ढूँढ़ने वाले तुझे मा'लूम नहीं,
एक मुद्दत से न दीवार न दर हैं हम लोग।

देखने का ये हुनर आया है आते-आते,
जाते-जाते जो बची हो वो नज़र हैं हम लोग।

तूने बरता ही नहीं ठीक से हमको ऐ दोस्त!
ऐब लगते हैं बज़ाहिर प' हुनर हैं हम लोग।

कट तो सकते हैं तेरी राह से हट सकते नहीं,
तू ज़मीं है तो समझ ले कि शजर हैं हम लोग।

---

1. उम्मीद के पाँव, 2. नाव, 3. इश्क़ के कंधे पर

2

सियाह रात की सरहद के पार ले गया है।
अजीब ख़्वाब था आँखें उतार ले गया है।

है अब जो ख़ल्क़[1] में मजनूँ के नाम से मशहूर,
वो मेरी ज़ात से वहशत उधार ले गया है।

सब आबशार पहाड़ों को दे दिए मैंने,
सभी सराब मेरे रेगज़ार[2] ले गया है।

विसाल-ओ-हिज्र के सब फ़ैसले उसी के हैं,
वो मुझसे मेरे सभी इख़्तियार ले गया है।

जहाँ के लोग ख़मोशी को दीन मानते हों,
मुझे वो शख़्स वहाँ से पुकार ले गया है।

मक़ाम-ए-हुस्न पे उसकी हुई पज़ीराई[3],
जो अपने इश्क़ को दीवानावार ले गया है।

---

1. जनता में, 2. मरुस्थल, 3. स्वीकृति

3

शजर-इम्कान ज़मीनों के हरे दु:ख हैं हम।
बा'ज़ ज़ेहनों के तसव्वुर से परे दु:ख हैं हम।

इश्क़-आँगन में बरसता है विरह का बादल,
आस बर्तन है कोई जिसमें भरे दु:ख हैं हम।

खोल दरवाज़ा-ए-जाँ दिल में जगह दे अपने,
तूने पहचाना नहीं हमको! अरे! दु:ख हैं हम।

कोई उम्मीद जगाता है तो डर लगता है,
ताक़-ए-उम्मीद पे मुद्दत से धरे दु:ख हैं हम।

कुछ न करना भी इस आशोब में कुछ कम तो नहीं,
उससे कहियो कि बस अब कुछ न करे, दु:ख हैं हम।

कोई भी अह्द हो बाज़ार-ए-तमन्ना में चला,
राइज-उल-वक़्त[1] हैं ऐ दोस्त! खरे दु:ख हैं हम।

---

1. प्रचलन में

4

ख़ाक पर ख़ून की तहरीर से पहचाने गए।
तेरे वहशी तेरी ज़ंजीर से पहचाने गए।

अपनी तस्वीर से मुम्किन ही न थी अपनी शिनाख़्त,
हम किसी और की तस्वीर से पहचाने गए।

जिनमें रौशन था तेरी दीद का सौदा, वो सर,
लाख अँधेरे में भी शमशीर से पहचाने गए।

क्या क़यामत है कि सौ बार के सोचे हुए लोग,
सामने आए तो ताख़ीर से पहचाने गए।

दोस्त पहचाने गए अपने निशाने से, और,
हम भी सीने में लगे तीर से पहचाने गए।

ख़्वाब में तो कोई चेहरा ही नहीं था उनका,
हैं कुछ इक ग़म कि जो ता'बीर से पहचाने गए।

ख़ामुशी अस्ल में उस्लूब थी हम जैसों का,
हम इसी लहजा-ए-तक़रीर से पहचाने गए।

ज़ेहन-ए-तारीक़ में बेनाम-ओ-नसब[1] थे कुछ दर्द,
जो चमक उठने की तदबीर से पहचाने गए।

---

1. बिना नाम व कुल के

5

आँखें ग़ुबार-ए-ख़्वाब में खोने के दिन हैं ये।
सो जाओ तुम भी चैन से सोने के दिन हैं ये।

होना था तुझको और नहीं है तू हाय-हाय,
मैं हूँ अगर्चे मेरे न होने के दिन हैं ये।

गिरिया[1] की इक क़दीम[2] रिवायत है इश्क़ में,
ख़ुद पर हज़ार ढंग से रोने के दिन हैं ये।

पा कर मुझे यूँ ख़ुश न हो ऐ शह्र-ए-नामुराद!
तू जानता नहीं मेरे खोने के दिन हैं ये।

दु:ख मोल ले रहा है जिन्हें कौड़ियों के भाव,
क़ीमत लगाई जाए तो सोने के दिन हैं ये।

फीका है कायनात का हर रंग इन दिनों,
उनसे हमारी बात न होने के दिन हैं ये।

बरसात हो रही है मेरी उम्र-ए-ख़ाक पर,
या'नी कि ख़ुद को जोतने-बोने के दिन हैं ये।

मालाएँ टूटती हैं बिखरती हैं इन दिनों,
साँसों में दु:ख के फूल पिरोने के दिन हैं ये।

---

1. रोना, 2. पुरानी

होना न होना एक है जिनका मेरे लिए,
मैं सोचता हूँ कौन से कोने के दिन हैं ये।

अभिषेक! पार उतरने का सौदा फ़ुज़ूल है,
कश्ती किसी भँवर में डुबोने के दिन हैं ये।

6

जो ज़ेर-ए-ख़ाक-ए-बदन[1] है उसे उभारती है।
तुम्हारी आँख मेरा पैरहन[2] उतारती है।

हर एक शब मैं बदलता हूँ ख़ुद को दरिया में,
किसी की याद जहाँ कश्तियाँ उतारती है।

न कोह-ओ-दश्त[3] न सहराओं[4] में सुकूँ इसको,
ये क्या ख़लिश है जो सीने में शब गुज़ारती है।

ये किस मक़ाम पे थकने लगी मेरी हसरत,
ये किसका नाम मेरी तिश्नगी[5] पुकारती है।

उसी निगाह में अक्सर जुनून पलता है,
जो अपने ख़्वाब बड़ी बेदिली से मारती है।

बिछड़ के तुझसे तसव्वुर में तेरे शाने पर,
मेरी हयात[6] ग़मों की थकन उतारती है।

---

1. आन्तरिक सौन्दर्य, 2. लिबास, 3. पहाड़ और जंगल, 4. रेगिस्तानों, 5. प्यास, 6. ज़िन्दगी

7

कुछ इसलिए भी चराग़ों की दर्सगाह हूँ मैं।
कोई न होगा यहाँ जिस क़दर सियाह हूँ मैं।

मुकर न जाऊँ ख़ुद अपने बयान से मैं भी,
मेरे ख़िलाफ़ मेरा आख़िरी गवाह हूँ मैं।

इधर-उधर मुझे तक़सीम करता फिरता है इश्क़,
कि सिर्फ़ हुस्न नहीं हुस्न-ए-बेपनाह हूँ मैं।

तू पारसा है तो सोचा तुझे बताता चलूँ,
सवाब मिलता है जिससे वो इक गुनाह हूँ मैं।

तमाम ज़ात ही फ़रियाद हो के रह गई है,
कि सोच-सोच के इक शख़्स को तबाह हूँ मैं।

अजीब जज़्बा-ए-बेइख़्तियार हूँ मैं भी,
न बेनियाज़ी-ए-दिल हूँ न कोई चाह हूँ मैं।

समा'अ में है तेरा हिज्र एक मुद्दत से,
अब इस लिहाज़ से देखूँ तो ख़ानक़ाह हूँ मैं।

न ठहरी तुझ पे तो इस वाक़ये को तूल न दे,
ख़ुद अपने आप पे इक सरसरी निगाह हूँ मैं।

खुले हैं मुझ पे तेरी वहशतों के राज़ तमाम,
सुन ऐ जुनून! तेरा अस्ल ख़ैरख़्वाह हूँ मैं।

8

ख़ित्ता-ए-हुस्न[1] के सब मकानों और उनके मकीनों के नाम।
ये ग़ज़ल मेरे सैलाब से कट चुकी कुछ ज़मीनों के नाम।

मेरी शीशागरी पर अयाँ थी रफ़ाक़त की उम्र, इसलिए,
मैंने पूछे नहीं टूटने पर बज़िद आबगीनों के नाम।

इस में डूबूँ न डूबूँ कभी मैं मुझे मौत आए न आए,
इक भँवर मुझमें पड़ता तो है ज़िन्दगी के सफ़ीनों के नाम।

जनवरी में किसी से बिछड़ने का इक फ़ायदा ये भी है,
ख़त्म हो जाते हैं जनवरी ही में सारे महीनों के नाम।

मैं समझ तो गया था कोई साँप है इनमें पलता हुआ,
ज़ह्र में डूबी तहरीर आई थी जब आस्तीनों के नाम।

इस्तिफ़ादा[2] तो कर लेकिन अपनी नज़र पर यकीं कम न हो,
अपनी बीनाई गिरवी न रख दीदावर! दूरबीनों के नाम।

ज़िन्दगी-मौत और उसके पहलू में गुज़रे हुए चन्द साल,
मुझको तक़सीम करती है वहशत बराबर से तीनों के नाम।

साँस उखड़ने को है इन सितारों की, वक़्त-ए-सहर क्या लिखूँ,
धौंकनी की तरह तेज़ चलते हुए इनके सीनों के नाम।

मैं जो लिक्खूँगा शुरफ़ा[3] की नज़रों में ना-मो 'तबर हो तो हो,
इसमें आएँगे अपनी जगह वक़्त पर कुछ कमीनों के नाम।

1. हुस्न का इलाक़ा, 2. लाभ, 3. शरीफ़ का बहुवचन

9

ये और बात तेरे दिल में घर नहीं करूँगा।
पर इस मक़ाम से आगे सफ़र नहीं करूँगा।

दवाम[1] बख़्श तो सकता हूँ ख़ामुशी को मगर,
ये काम मैं किसी आवाज़ पर नहीं करूँगा।

दुआएँ क्या दूँ उसे ज़िन्दगी की, इतना है,
मैं ज़हृ हूँ मगर उस पर असर नहीं करूँगा।

किये जो वक़्त पे उनका म'आल[2] देख चुका,
कोई भी काम मैं अब वक़्त पर नहीं करूँगा।

किसी से झूठी मुहब्बत किसी से सच्चा बैर,
मैं कर तो सकता हूँ ये सब मगर नहीं करूँगा।

किसी को रोते हुए बारहा यही सोचा,
कहेगी अब जो मेरी चश्म-ए-तर, नहीं करूँगा।

गुज़ार दूँगा मैं अपने फ़िराक़ में ख़ुद को,
ख़ुद अपने होने की ख़ुद को ख़बर नहीं करूँगा।

गुज़र न पाई वो इक शब कि जिसमें सोचा था,
तेरे बग़ैर मैं कोई सहर नहीं करूँगा।

---

1. स्थायित्व, 2. अंजाम

10

मेरे ग़म का अपना है मर्तबा मेरी जान! कुछ तो ख़याल कर।
खिलें फूल जिनमें विसाल के मेरा उन रुतों में मलाल कर।

मैं वो जाम-ए-तल्ख़ी-ए-इश्क़ हूँ जो छलक रहा है वजूद से,
मुझे पी न लें मेरी वहशतें किसी ज़र्फ़-ए-हुस्न में ढाल कर।

वो जब उसकी मुझ पे नज़र हुई मेरी ख़ाक इधर से उधर हुई,
उसे और कुछ तो मिला नहीं मेरे जिस्म-ओ-जाँ को खँगाल कर।

यही ठोकरें हैं सिला मेरा यही रास्ते हैं गिला मेरा,
कोई रख गया सर-ए-रहगुज़र मुझे अपने दिल से निकाल कर।

तेरा जिस्म था तेरी जान था मैं दरअस्ल महव-ए-गुमान था,
मुझे इस गुमाँ की सज़ाएँ दे वही आशिक़ों का सा हाल कर।

मेरी चुप शिकस्त-ए-सदा न हो तू यूँ ख़ामुशी से अदा न हो,
तुझे लफ़्ज़-लफ़्ज़ करूँगा मैं कभी ख़ुद को ले के सवाल कर।

कोई दर नहीं है पता मुझे मैं कहाँ रहूँगा बता मुझे,
कहा उसने सारी ज़मीन है मुझे आसमाँ में उछाल कर।

मैं वो ख़्वाब जिसकी तमाम उम्र का सोग है कि तू देखता,
प' गुज़र रही है ये रात भी मुझे अगली रात पे टाल कर।

कोई और इतना ग़नी[1] नहीं जो हो इतने ऐश का मुस्तहक़[2],
मैं तेरे नसीब का दर्द हूँ मुझे रख ले दिल में सँभाल कर।

---

1. सम्पन्न, 2. हक़दार

11

अभी तो आप ही हाइल[1] है रास्ता शब का।
क़रीब आए तो देखेंगे हौसला शब का।

मेरे ख़याल के वहशतकदे[2] में आते ही,
जुनूँ की नोक से फूटा है आबला[3] शब का।

चली तो आई थी कुछ दूर साथ-साथ मेरे,
फिर इसके बा 'द ख़ुदा जाने क्या हुआ शब का।

कभी-कभी तो ये वहशत भी हम पे गुज़री है,
कि दिल के साथ ही देखा है डूबना शब का।

सहर की पहली किरन ने उसे बिखेर दिया,
मुझे समेटने आया था जब ख़ुदा शब का।

ज़मीं पे आ के सितारों ने ये कहा मुझसे,
तेरे क़रीब से गुज़रेगा क़ाफ़िला शब का।

सहर[4] का लम्स[5] मेरी ज़िन्दगी बढ़ा देता,
मगर गिराँ था बहुत मुझ पे काटना शब का।

चटक उठी है रग-ए-जाँ तो ये ख़याल आया,
किसी की याद से जुड़ता है सिलसिला शब का।

---

1. व्यवधान, 2. उन्माद का घर, 3. छाला, 4. सुबह, 5. स्पर्श

12

दे उठी लौ जो तेरे साथ गुज़ारी हुई शाम।
हुजरा-ए-जाँ[1] में हर इक चीज़ पे तारी हुई शाम।

इस तरफ़ दश्त-ए-बदन[2] में कोई सूरज डूबा,
उस तरफ़ सीना-ए-अफ़्लाक[3] से जारी हुई शाम।

पहले तो मुझसे मेरी ज़ात का मतलब पूछा,
और फिर अपने ही एहसास से आरी[4] हुई शाम।

उम्र भर धूप लपेटे रहे अपने तन पर,
हमसे पहनी न गई उसकी उतारी हुई शाम।

ऐ जुनूँ पूछ इसी लम्हा-ए-मौजूद[5] से पूछ,
लम्स ये किसका उठाया है कि भारी हुई शाम।

हमने हर शय से मुकरते हुए देखा ख़ुद को,
याद आई जो तेरे क़ुर्ब[6] पे वारी हुई शाम।

क्या फ़क़त हमसे सवालात किए जाएँगे,
क्या फ़क़त हमसे मुख़ातिब है ये हारी हुई शाम।

---

1. अन्तस, 2. बदन रूपी जंगल, 3. आसमान का सीना, 4. ख़ाली, 5. वर्तमान क्षण, 6. निकटता

13

मुझको ख़ुद अपने त'अक़्क़ुब[1] में भटकता हुआ देख।
और ये कार-ए-जुनूँ होश में होता हुआ देख।

कट गईं हों न ज़मीनों से तनाबें[2] इनकी,
आसमानों को इसी ख़ौफ़ में जीता हुआ देख।

बन्द देखा है जिसे तूने हमेशा ख़ुद में,
वो दरीचा भी मेरी ज़ात में खुलता हुआ देख।

तेरी आँखों के लिए इतनी सज़ा काफ़ी है,
आज की रात मुझे ख़्वाब में रोता हुआ देख।

पहले महसूस तो कर अब्र-ए-सियह-मस्त[3] है तू,
और फिर ख़ुद को किसी दश्त पे छाया हुआ देख।

आख़िरश[4] मैं भी हुआ टूटते पत्तों में शुमार,
आख़िरश मैं भी इसी तेज़ हवा का हुआ देख।

---

1. पीछा करना, 2. ख़ेमे की रस्सी, 3. उमड़ता हुआ काला बादल, 4. अन्ततः

14

फ़सील-ए-जिस्म[1] गिरा दे मकान-ए-जाँ से निकल।
ये इन्तशार-ज़दा[2] शह्र है यहाँ से निकल।

मैं अपनी ज़ात में तारीकियाँ समेटे हूँ,
तू इक चराग़ जला और अब यहाँ से निकल।

तमाश शह्र पे इक ख़ामुशी मुसल्लत[3] है,
अब ऐसा कर कि किसी दिन मेरी ज़बाँ से निकल।

तेरी तलाश में फिरते हैं आफ़्ताब कई,
सो अब ये फ़र्ज़ है तुझ पर कि सायबाँ से निकल।

कहा था मुझसे भी इक दिन हवा-ए-सहरा ने,
मेरी पनाह में आ जा ग़ुबार-ए-जाँ से निकल।

मुनाफ़िक़ों[4] की तरह ज़िन्दगी ख़राब न कर,
तू दश्त है तो फिर इस शह्र की अमाँ से निकल।

मक़ाम-ए-वस्ल[5] तो अर्ज़-ओ-समा[6] के बीच में है,
मैं इस ज़मीन से निकलूँ तू आसमाँ से निकल।

---

1. जिस्म की दीवार, 2. बिखरता हुआ, 3. छाई, 4. जिनकी कथनी-करनी में फ़र्क़ हो, 5. मिलन की जगह, 6. ज़मीन और आसमान

15

तू बता तू तो गुज़रता है रग-ओ-पै[1] से मेरे।
मर्हला[2] कौन सा आसान पड़ा है मुझमें।

सिर्फ़ ये ख़ाक-ए-बदन है जो तेरे काम की है,
और तो दश्त का सामान पड़ा है मुझमें।

वक़्त ने ठीक से बरता नहीं मुझको शायद,
अब भी इक लम्ह-ए-इम्कान[3] पड़ा है मुझमें।

दश्त होना भी बड़ा ज़ुल्म है अपने ऊपर,
फिर कोई शह्र-ब-दर आन पड़ा है मुझमें।

जाने किस खेल में शामिल हैं मेरे रूह-ओ-बदन,
जाने किस खेल का मैदान पड़ा है मुझमें।

जब से गुज़रा है इधर से कोई दरवेश-ए-ख़याल[4],
इक सुलगता हुआ लोबान पड़ा है मुझमें।

तुझसे हर गाम पे वहशत की तवक़्क़ो[5] होगी,
ये सफ़र हिज्र के दौरान पड़ा है मुझमें।

---

1. नस-नस, 2. पड़ाव, 3. संभावना का क्षण, 4. ख़याल रूपी दरवेश, 5. उम्मीद

16

सफ़र के बा'द भी ज़ौक़-ए-सफ़र[1] न रह जाए।
ख़याल-ओ-ख़्वाब में अबके भी घर न रह जाए।

मैं सोचता हूँ बहुत ज़िन्दगी के बारे में,
ये ज़िन्दगी भी मुझे सोच कर न रह जाए।

बस एक ख़ौफ़ में होती है हर सहर मेरी,
निशान-ए-ख़्वाब कहीं आँख पर न रह जाए।

उसी की शक्ल लिया चाहती है ख़ाक मेरी,
सो शह्र-ए-जाँ में कोई कूज़ागर[2] न रह जाए।

गुज़र चुका है अगर क़ाफ़िला तो देख आओ,
पस-ए-ग़ुबार[3] किसी की नज़र न रह जाए।

ये बेहिसी तो मेरी ज़िद थी अपने अजज़ा[4] से,
कि मुझमें अपने त'अक़्क़ुब का डर न रह जाए।

हवा-ए-शाम तेरा रक़्स नागुज़ीर[5] सही,
ये मेरी ख़ाक तेरे जिस्म पर न रह जाए।

मैं एक ओर खड़ा हूँ हिसार-ए-दुनिया[6] के,
वो जिसकी ज़िद में खड़ा हूँ, उधर न रह जाए।

---

1. सफ़र की रुचि, 2. कुम्हार, 3. ग़ुबार के पीछे, 4. इन्द्रियाँ, 5. जिसे टाला न जा सके, 6. दुनिया का घेरा

17

पैहम[1] इक ख़्वाब की ता'बीर[2] बताता है हमें।
कौन नींदों से भरी शब में जगाता है हमें।

क्या पता हमने कभी तूर[3] की बै'अत की हो,
आग से यूँ ही नहीं खेलना आता है हमें।

नींद आने में बड़ा दख़्ल है उसका, लेकिन,
नींद आ जाए तो फिर ख़्वाब दिखाता है हमें।

जाने किस राग की तस्कीन[4] हैं हम लोग कि जो,
शाम होते ही कोई झूम के गाता है हमें।

ये मकाँ हैं वो मकीं हैं ये दरीचे वो सड़क,
शह्र-ए-दाना[5] से कहो इतना तो आता है हमें।

इस सियाही से ख़ुदा जाने लिखा क्या जाए,
कासा-ए-शब[6] में कोई घोलता जाता है हमें।

आग की तरह कभी हिज्र के जंगल में लगें,
और फिर देखें भला कौन बुझाता है हमें।

---

1. लगातार, 2. स्वप्न-फल, 3. एक पर्वत कहा जाता है जहाँ हज़रत मूसा ने ख़ुदा को देखने की ख़्वाहिश की और एक ही पल में पूरा पर्वत जल गया, मूसा बेहोश हो गए, 4. संतुष्टि, 5. बुद्धिमान नगर, 6. रात रूपी बर्तन

18

ये क्या सफ़र है के बस रख़्त-ए-जिस्म-ओ-जाँ[1] लेकर।
भटक रहा हूँ मैं ख़ुद को यहाँ-वहाँ लेकर।

तेरा ये शह्र मुझे मुस्तरद[2] न कर दे कहीं,
मेरी ज़बाँ से किसी और का बयाँ लेकर।

कहीं जगह न मिली जब तो **हर्फ़-ए-आवारा,**
समा'अतों[3] में रहा साया-ए-ज़बाँ लेकर।

अब और क्या है जो इस आसमाँ की नज्र करूँ,
सो जा रहा हूँ चराग़ों से कुछ धुआँ लेकर।

मैं अपने आप में इक लम्हा-ए-मुसल्सल हूँ,
तू थक न जाए कहीं मेरा इम्तेहाँ लेकर।

तमाम शह्र ही दीवार-ओ-दर से आरी है,
मैं फँस गया हूँ तेरी ज़ात में मकाँ लेकर।

उफ़ुक़[4] पे ये जो सितारा दिखाई देता है,
चमक रहा है मेरी रौशनी-ए-जाँ लेकर।

---

1. शरीर और प्राण रूपी राह-ख़र्च, 2. रद्द, 3. श्रवण-शक्ति, 4. क्षितिज

19

दर-ए-ख़याल भी खोलें सियाह शब भी करें।
और इसके बा'द तुझे सोचें ये ग़ज़ब भी करें।

वो जिसने शाम के माथे पे हाथ फेरा है,
हम उस चराग़-ए-हवासाज़ का अदब भी करें।

ये इम्तिज़ाज[1] ज़रूरी है अब दुआओं में,
वही दुआ जो नज़र कर रही है लब भी करें।

कि जैसे ख़्वाब दिखाना तसल्लियाँ देना,
कुछ एक काम मुहब्बत में बेसबब भी करें।

सियाहियाँ सी बिखरने लगीं हैं सीने में,
अब उस सितारा-ए-शबताब[2] की तलब भी करें।

मैं जानता हूँ कि ता'बीर[3] ही नहीं मुम्किन,
वो मेरे ख़्वाब की तश्रीह[4] चाहे जब भी करें।

शिकस्त-ए-ख़्वाब[5] की मंज़िल भी कब नयी है हमें,
वही जो करते चले आए हैं सो अब भी करें।

---

1. मिश्रण, 2. रात को रोशन करने वाला तारा, 3. स्वप्नफल, 4. व्याख्या, 5. ख़्वाब का टूटना

20

अब इख़्तियार में मौजें न ये रवानी है।
मैं बह रहा हूँ कि मेरा वजूद पानी है।

वो एक दिन जो तुझे सोचने में गुज़रा था,
तमाम उम्र उसी दिन की तर्जुमानी[1] है।

तू और तेरी तरह मैं भी इक हक़ीक़त हूँ,
फिर इसके बा'द जो बचता है वो कहानी है।

ज़रा भी दख़्ल नहीं इसमें इन हवाओं का,
हमें तो मस्लेहतन[2] अपनी ख़ाक उड़ानी है।

नवाह-ए-जाँ में भटकती हैं ख़ुशबुएँ जिसकी,
वो एक फूल कि लगता है रातरानी है।

इरादतन तो कहीं कुछ नहीं हुआ लेकिन,
मैं जी रहा हूँ ये साँसों की ख़ुशगुमानी है।

तेरे वजूद में कुछ है जो इस ज़मीं का नहीं,
तेरे ख़याल की रंगत भी आसमानी है।

---

1. अनुवाद, 2. सोचे-विचारे तौर पर

21

शिकस्तख़ुर्दा[1] परिन्दे जो शाख़सार[2] में हैं।
दर-ए-उफ़ुक़ पे नए दिन के इन्तज़ार में हैं।

मुझे हवा ने तसव्वुर नहीं किया वर्ना,
मेरी तरह के कई नक़्श रेगज़ार[3] में हैं।

अजब तरह का तग़य्युर[4] है अबके मौसम में,
ख़िज़ाँ बदन में मुक़य्यद है, हम बहार में हैं।

अभी तो आँख की ता'लीम भी अधूरी है,
अभी से किसलिए हम हुस्न के ग़ुबार में हैं।

कहाँ किनारा मिलेगा हमें ये क्या मा'लूम,
हम एक ख़्वाब के दरिया की तेज़ धार में हैं।

ये और बात कि तेरी नज़र पड़े न पड़े,
किसी की प्यास के छींटे भी आबशार में हैं।

---

1. हारे हुए, 2. जंगल, 3. रेगिस्तान, 4. बदलाव

22

मेरी आँखों में इक दरिया रवाँ था।
मैं प्यासा हूँ ये अन्दाज़ा कहाँ था।

वो यूँ उज्लत[1] में गुज़रा मुझसे होकर,
कि जैसे मुझमें सब कुछ रायगाँ था।

कहाँ तक ढूँढ़ता मैं अपनी आँखें,
तेरे ख़्वाबों का जंगल बेकराँ[2] था।

ज़मीं कहते थे मुझको ख़ाकज़ादे,
परिन्दों के लिए मैं आसमाँ था।

बचा लाया हूँ ख़ुद को मैं जहाँ से,
ख़याल आया कि तेरा दश्त-ए-जाँ था।

इक ऐसी धुंध थी मेरे मुक़ाबिल,
कि आँखों पर हर इक चेहरा गिराँ था।

उतर कर शाख़ से मिट्टी पहन ली,
कि पत्तों में भी आदाब-ए-ख़िजाँ था।

मैं कब ख़ाइफ़[3] था सहरा के सफ़र से,
मेरे अन्दर ही मेरा सायबाँ था।

---

1. जल्दबाज़ी, 2. अन्तहीन, 3. डरा हुआ

23

ख़ला के जैसा कोई दर्मियान भी पड़ता।
फिर इस सफ़र में कहीं आसमान भी पड़ता।

मैं चोट कर तो रहा हूँ हवा के माथे पर,
मज़ा तो जब था कि कोई निशान भी पड़ता।

हर एक रोज़ इसी ज़िन्दगी की तैयारी,
सो चाहते हैं कभी इम्तिहान भी पड़ता।

हम ऐसे लोग कि मिट्टी हुए हैं इस धुन में,
कि उसके पाँव का हम पर निशान भी पड़ता।

अजीब ख़्वाहिशें उठती हैं इस ख़राबे में,
गुज़र रहे हैं तो अपना मकान भी पड़ता।

ये इक कमी कि जो अब ज़िन्दगी-सी लगती है,
हमारी धूप में वो सायबान भी पड़ता।

हमीं जहान के पीछे पड़े रहें कब तक,
हमारे पीछे कभी ये जहान भी पड़ता।

24

धूप उतरी न दर-ओ-बाम पे साया उतरा।
आज का दिन है कि चेहरा कोई उतरा-उतरा।

ग़र्क़ होने की तमन्ना थी सो अब वो भी कहाँ,
नींद आते ही तेरे ख़्वाब का दरिया उतरा।

सोच रखा था तसव्वुर में न जाने क्या-क्या,
ज़ीना-ए-जिस्म से उतरा भी तो साया उतरा।

ये जो दुनिया है इसे इतनी इजाज़त कब थी,
हम पे अपनी ही किसी बात का ग़ुस्सा उतरा।

मुझको लगता तो नहीं था कि ये मुम्किन है मगर,
वो यक़ीन-ए-दिल-ए-वहशी पे भी पूरा उतरा।

पा-ब-ज़ंजीर थे तारे, ये बड़ी मुश्किल थी,
आसमानों से तेरा दर्द ही तन्हा उतरा।

ख़ुद को आशोब-ए-तमन्ना[1] से बचा लाए मगर,
रंग पैराहन-ए-हस्ती का भी जो था, उतरा।

कुछ सितारे भी, तेरी याद भी, तन्हाई भी,
बाम-ए-तन पर ये गई रात में क्या-क्या उतरा।

---

1. तमन्ना का विप्लव

25

पहले कुछ दिन तक तो जंगल की हवा रहता हूँ मैं।
फिर किसी ख़ुशबू के क़दमों में पड़ा रहता हूँ मैं।

एक मंज़र हूँ कि जिस पर हैरतें क़ुर्बान हैं,
देखने वालों को अक्सर देखता रहता हूँ मैं।

नम ज़मीनों की महक होना भी मुझ पर फ़र्ज़ है,
और ज़ंजीर-ए-हवा भी काटता रहता हूँ मैं।

ये हम-आहंगी हमारे दरमियाँ मुद्दत से है,
इब्तिदा रहता है जब वो इन्तिहा रहता हूँ मैं।

आबयारी[1] कर रही है जाने किस मौसम की आँख,
ज़र्द शाख़ें पूछती हैं क्यों हरा रहता हूँ मैं।

मुझसे बाहर मुझको समझा जाए ये मुम्किन कहाँ,
एक हंगामा हूँ और ख़ुद में बपा रहता हूँ।

आग की तफ़्सील में जाना भी कार-आमद[2] रहा,
अब चराग़ों की समझ से मावरा[3] रहता हूँ मैं।

जो मुझे आवाज़ हो जाने पे माइल[4] कर सके,
वो समा'अत कौन-सी है ढूँढ़ता रहता हूँ मैं।

---

1. सिंचाई, 2. उपयोगी, 3. परे, 4. आमादा

चन्द लम्हों में यहाँ से भी गुज़र ही जाऊँगा,
देर तक अपने ही अन्दर कौन-सा रहता हूँ मैं।

उसने तो बस एक बार आकर सदाएँ दी थीं, और,
आज तक अपने बदन में गूँजता रहता हूँ मैं।

26

हर इक दरख़्त पे चस्पाँ है इश्तिहार-ए-हवा।
शुरू'अ होना है जंगल में कारोबार-ए-हवा।

हम अपने आप को मिट्टी तो कर सके लेकिन,
न कर सके तेरी फ़ुर्क़त में इन्तज़ार-ए-हवा।

हमें पता है कि ख़ुशबू है आख़िरी मंज़िल,
हमारे पाँव के नीचे है रहगुज़ार-ए-हवा।

मेरे वजूद के हक़ में तमाम सैराबी[1],
मेरे वजूद पे गिरता है आबशार-ए-हवा।

मेरी ही ख़ाक कई बार पूछ लेती है,
उठाए फिरता हूँ शानों पे क्यों ये बार-ए-हवा।

---

1. तृप्ति

27

इश्क़ है इल्तिफ़ात[1] है तुझमें।
और क्या ख़ास बात है तुझमें?

मैं उसी का हक़ीर ज़र्रा हूँ,
वो जो इक कायनात है तुझमें।

ज़िन्दगी से भी डर नहीं लगता,
मुझको कितनी सबात[2] है तुझमें।

और तो कुछ नहीं तेरे अन्दर,
मैं हूँ, मेरी निजात है तुझमें।

मैं तेरे सामने हूँ तेरा हूँ,
फिर ये क्या एहतियात है तुझमें।

तू हवा है तो यूँ ग़ुरूर न कर,
मेरी मिट्टी का हाथ है तुझमें।

ख़ुद को देखूँगा आज जी भर के,
आज फिर चाँद रात है तुझमें।

---

1. कृपा, 2. स्थायित्व

28

ज़मीं पे उतरे कि फिर आसमान पर जाए।
ये बदहवास परिन्दा कहो किधर जाए।

वो एक लम्स अगर कासा-ए-बदन[1] में गिरे,
तमाम ज़ात मेरी रौशनी से भर जाए।

उसे भी मेरी तरह ज़िन्दगी का सौदा[2] था,
और आज वो भी यही चाहता है, मर जाए।

हवा-ए-शाम से कह दो कि यूँ उदास न हो,
मैं ख़ाक होने ही वाला हूँ, देख कर जाए।

ये इत्तिफ़ाक़ ज़रूरी नहीं दोबारा हो,
मैं तुझको सोचने बैठूँ तो ज़ख़्म भर जाए।

ये वो सफ़र है कि मुम्किन नहीं पलट पाना,
वो डर रहा हो तो कह दो कि अपने घर जाए।

फिर उसके बा'द पहनने को सारी दुनिया है,
मगर वो शख़्स मेरे ज़ेह्न से उतर जाए।

---

1. बदन का भिक्षापात्र, 2. पागलपन

29

मेरा वजूद मेरा इश्क़ उसकी मर्ज़ी थी।
ये बात उसने मेरे तन-बदन में भर दी थी।

मैं सर्दियों में ज़मीनें पहन के सोता था,
तमाम रात मेरे तन पे ओस गिरती थी।

मैं टूटते हुए तारों का ख़्वाब था, और वो,
किसी सहर की तरह मुझसे बात करती थी।

उन्ही दिनों तेरे अन्दर भी ख़ुश्क मौसम था,
कि जिन दिनों मेरे सीने में धूल उड़ती थी।

मैं और कुछ भी नहीं पानियों का ख़ुत्बा[1] था,
जिसे वो प्यास अक़ीदत से रोज़ सुनती थी।

मैं ख़्वाब तोड़ के आँखों से फेंक देता था,
और आँख थी कि उन्हें जोड़ने से डरती थी।

दर-ए-बदन पे उसी के पड़ा रहा मैं भी,
जो अपने हुजरा-ए-जाँ तक से कम निकलती थी।

सहर का ख़्वाब तुम्हीं से तो बाँटना था मगर,
सहर हुई ही नहीं नींद इतनी गहरी थी।

---

1. धर्मोपदेश

30

नीलगूँ शब मेरे सिरहाने पर।
अब तो सबकुछ है नींद आने पर।

मुंतज़िर है कहीं कोई खिड़की,
इक परिन्दा है आने-आने पर।

जुज़ तेरी आरज़ू के कुछ भी नहीं,
साँप लिपटे हैं जिस ख़ज़ाने पर।

लम्स में नींद-सी भरी हुई थी,
सो गया वो मेरे जगाने पर।

इससे पहले कि तुझमें खो जाऊँ,
इक नज़र डाल लूँ ज़माने पर।

टूटती धड़कनों से पूछा जाए,
कौन आया था मेरे जाने पर।

मुन्हसिर[1] है तमाम आँख का नूर,
इक सितारे के झिलमिलाने पर।

वज्द में आ गया दिल-ए-सूफ़ी,
भीड़ उमड़ी है आस्ताने पर।

---

1. निर्भर

अह्द करते हो तुम मेरा तो सुनो,
टूट जाता हूँ मैं निभाने पर।

कैसी सज-धज है मेरी मिट्टी की,
ऐ हवा! देख तेरे शाने पर।

किस क़दर आसमान झल्लाया,
एक तारे के सर उठाने पर।

उसके बारे में जानना है मुझे,
उसके बारे में कौन जाने, पर।

31

जाने किस लम्हा-ए-तिश्ना की दुआ था पानी।
शह्र का शह्र ही पल-भर में हुआ था पानी।

उस पे आ-आ के परिन्दों ने पढ़ा था नौहा,
वो जो तालाब में थोड़ा-सा बचा था पानी।

लड़खड़ाती हुई होंठों पे मिली थी हमको,
प्यास के पाँव में उस रोज़ चुभा था पानी।

वस्ल होता भी तो हम दोनों फ़ना हो जाते,
आग उसमें थी भरी मुझमें भरा था पानी।

मैंने पूछा था कोई नाम तो होगा मेरा,
उसने देखा था मुझे और कहा था पानी।

बीच में ख़्वाब थे सहरा था मेरी आँखें थीं,
उस कहानी का फ़क़त एक सिरा था पानी।

याद आया भी तो इक डूबते मंज़र से उसे,
मेरे बारे में जो कुछ भूल चुका था पानी।

मुझको मा'लूम है दरिया की हक़ीक़त क्या है,
मुझसे तन्हाई में इक रोज़ खुला था पानी।

32

जो हुस्न बिखरा है जा-ब-जा[1] सब उसी का हिस्सा बना रहा हूँ।
तमाम चेहरे मिला के मैं जो ये एक चेहरा बना रहा हूँ।

ये कार-ए-वहशत भी मेरे ज़िम्मे कि हर नफ़स[2] का हिसाब रक्खूँ,
सो तंग आकर मैं ज़िन्दगी को ख़ुद इक तमाशा बना रहा हूँ।

मिला है अबके सुराग़-ए-मंज़िल मगर ये राहें तो अजनबी हैं,
सो दोनों रूहों के दर्मियाँ मैं बदन को रस्ता बना रहा हूँ।

तुम्हीं से सैराबियाँ भी सारी सराब भी सब तुम्हारे दम से,
सो बा'द-ए-तश्कील-ए-तिश्नगी मैं तुम्हीं को दरिया बना रहा हूँ।

न जाने क्या हो म'आल[3] इसका कि मुझमें उसमें ठनी हुई है,
वो धूप होने की ज़िद करे है, मैं ख़ुद को साया बना रहा हूँ।

वो शह्र जिसकी अमाँ में रहना तुम्हारी ख़्वाहिश है जाने कब से,
बग़ौर देखो मैं अपने अन्दर उसी का नक़्शा बना रहा हूँ।

मैं क्या वज़ाहत[4] करूँगा उसकी जो मेरी नस-नस में ख़ुद है रक़्साँ,
मैं अपनी हस्ती को उसकी जानिब बस इक इशारा बना रहा हूँ।

---

1. जगह-जगह, 2. साँस, 3. परिणाम, 4. व्याख्या

33

नज़र में गर्दिश-ए-दौराँ भी रक्खें।
जिएँ तो फिर हिसाब-ए-जाँ भी रक्खें।

हर इक लम्हा किसी मुश्किल से गुज़रें,
और अपने आप को आसाँ भी रक्खें।

हक़ीक़त जान लें दुनिया-ओ-दीं की,
और अपनी ज़ात को हैराँ भी रक्खें।

मज़े से ख़ाक हो जाएँ कोई दिन,
फिर अपनी ख़ाक का उन्वाँ भी रक्खें।

तुझे मिस्मार[1] करते जाएँ ख़ुद में,
तेरी तख़्लीक़ का सामाँ भी रक्खें।

ये ख़ालीपन अज़ाब-ए-जाँ न हो जाए,
जो दिल रखते हों कुछ अर्माँ भी रक्खें।

---

1. नष्ट

34

जो सर-बुरीदा[1] हुए उन पे आश्कार[2] हूँ मैं।
वगर्ना किसको ख़बर थी कि तेज़ धार हूँ मैं।

गुज़र चुका है कि गुज़रेगा कुछ नहीं मा'लूम,
वो एक लम्हा कि अब जिसका इन्तज़ार हूँ मैं।

ये क्या हुआ कि तेरी ख़ाक-ए-तन से लगते ही,
कहाँ तो एक नहीं था कहाँ हज़ार हूँ मैं।

ये क़र्ज़ तुझसे चुकाया न जा सकेगा कभी,
तेरे बदन पे तेरी रूह पर उधार हूँ मैं।

तमाम ज़ात को आईना करने वाले सुन,
कि रौशनी की तरह तेरे आर-पार हूँ मैं।

किसे समेट रहे हैं ये दो जहाँ मिलकर,
ये कौन टूट गया किसका इन्तिशार[3] हूँ मैं।

जो मिल सकूँ तो यक़ीनन मैं तेरी मंज़िल हूँ,
वगर्ना यूँ ही चला चल कि रहगुज़ार हूँ मैं।

---

1. जिनके सर कट चुके हों, 2. प्रकट, 3. बिखराव

बड़ा अजीब है जो भी है ये तिलिस्म-ए-वजूद,
कभी-कभार नहीं हूँ, कभी-कभार हूँ मैं।

वो जिनको पार उतरना है, किस क़दर ख़ुश हैं,
कि ऐ चढ़े हुए दरिया! तेरा उतार हूँ मैं।

वो है बयाँ तो मुकम्मल बयान हूँ उसका,
वो ज़ब्त है तो फिर उस ज़ब्त का हिसार[1] हूँ मैं।

---

1. घेराव

35

अपनी जैसी ही किसी शक्ल में ढालेंगे तुम्हें।
हम बिगड़ जाएँगे इतना कि बना लेंगे तुम्हें।

मुझमें पैवस्त[1] हो तुम यूँ कि ज़माने वाले,
मेरी मिट्टी से मेरे बाद निकालेंगे तुम्हें।

हमने सोचा है कि इस बार जुनूँ करते हुए,
ख़ुद को इस तरह से खो देंगे कि पा लेंगे तुम्हें।

फ़ैसला कर ही लिया हमने अगर मिटने का,
कासा-ए-जिस्म में थोड़ा-सा बचा लेंगे तुम्हें।

टूट सकता है बहुत जल्द ये ज़िन्दान-ए-बदन[2],
तुम हमें छू लो तो हम यूँ भी छुड़ा लेंगे तुम्हें।

अपनी आँखों में धुआँ करके तो मुश्किल होगी,
अपने सीने पे बहरहाल बुझा लेंगे तुम्हें।

तुमसे इक जंग तो लड़नी है सो लड़ते हुए हम,
अपने ख़ेमे में किसी रोज़ मिला लेंगे तुम्हें।

---

1. बसे हुए, 2. बदन रूपी कारागार

जाने क्या कुछ हो छुपा तुममें मुहब्बत के सिवा,
हम तसल्ली के लिए फिर से खँगालेंगे तुम्हें।

ये ज़मीं कुछ भी नहीं और ये जहाँ कुछ भी नहीं,
हम अगर चाहें तो इक जस्त में जा लेंगे तुम्हें।

36

ज़ात से ज़ात का इज़्हार हुआ चाहता है।
वो मेरी ख़ाक से तैयार हुआ चाहता है।

उस कहानी में तो मर जाते हैं किरदार सभी,
जिस कहानी का तू किर्दार हुआ चाहता है।

इस पसोपेश से दरिया में भँवर पड़ गए हैं,
कौन इस पार से उस पार हुआ चाहता है।

तू वो बीमार कि आती हो मसीहाई जिसे,
मैं वो ईसा कि जो बीमार हुआ चाहता है।

बाम-ओ-दर ग़ौर से देखो कि बदलते हुए हैं,
घर सँभालो कि ये बाज़ार हुआ चाहता है।

उसको मा'लूम है क्या वज्ह-ए-सफ़र है इस बार,
रास्ता आप ही हमवार हुआ चाहता है।

कौन रहता था यहाँ जिसके चले जाने से,
ये मकाँ बे-दर-ओ-दीवार हुआ चाहता है।

37

वगर्ना किसको हासिल थी ये आसानी बनाने में।
हुई थी आग ख़ुद शामिल हमें पानी बनाने में।

उसी से इश्क़ करके रायगाँ कर लेंगे क्या सब कुछ,
लगी है उम्र जिसको दुश्मन-ए-जानी बनाने में।

बदन उनके लिए क्या मस'अला रह जाए जो रूहें,
मुकम्मल काम आ जाती हों उर्यानी[1] बनाने में।

हज़ारों अजनबी चेहरों से गुज़री हैं मेरी आँखें,
ये सूरत ज़िन्दगी की जानी-पहचानी बनाने में।

बचाए रख कि ये बरती हुई रातें ही ईंधन हैं,
अँधेरे काम आ जाते हैं ताबानी[2] बनाने में।

मैं जिस पर इक शिकन हो जाऊँ और देखा करे दुनिया,
लगा है वक़्त एक ऐसी ही पेशानी बनाने में।

मेरी तख़्लीक़ इसके ज़िम्मे थी सो अब यही जंगल,
लगा होगा मेरे हिस्से की वीरानी बनाने में।

---

1. नग्नता, 2. चमक

38

वहशतें हद से ज़ियादा भी हमीं रखते हैं।
दिल-ए-वहशी तुझे सीधा भी हमीं रखते हैं।

आईने टूट के मिलते हैं हमीं से यानी,
इस भरे शह्र में चेहरा भी हमीं रखते हैं।

पहले रखते हैं कड़ी धूप पे हम धूप की सिल,
और फिर साये पे साया भी हमीं रखते हैं।

हमसे ले जाओ ये तन्हाई बड़े काम की है,
ख़ैर रखने को तो दुनिया भी हमीं रखते हैं।

जान देने पे उतारू हैं हर इक लम्हा हमीं,
ख़ुद को हर हाल में ज़िन्दा भी हमीं रखते हैं।

जी में आता है कि बिक जाएँ किसी रोज़ मगर,
ख़ुद को बाज़ार में महँगा भी हमीं रखते हैं।

ये जो गलियों में तेरी ख़ाक बने फिरते हैं हम,
सच बताएँ तो ये सौदा भी हमीं रखते हैं।

ज़िन्दगी शर्त है वो शख़्स हमारा होगा,
इस तरह इश्क़ को बहका भी हमीं रखते हैं।

39

गर्द-ए-शब गर्द-ए-सहर मैंने उड़ाई है बहुत।
वो मुसाफ़िर हूँ जिसे आबलापाई[1] है बहुत।

इक तसव्वुर ही लुटा दूँ तो ये दुनिया मिल जाए,
इन दिनों ज़ेह्न-ए-परीशाँ की कमाई है बहुत।

न हुआ मैं तो वो किस दर्जा परीशाँ होगा,
मेरे होने की ख़बर जिसने उड़ाई है बहुत।

ये जो कजलाई हुई लगती हैं आँखें मेरी,
मैंने उठ-उठ के यहाँ आग जलाई है बहुत।

किसको है ताब यहाँ तुझसे दोबारा बिछड़े,
ज़िन्दगी-भर के लिए एक जुदाई है बहुत।

उसके आगे न तो ग़ालिब की चली है न मेरी,
जबकि हम दोनों ही ने बात बनाई है बहुत।

मैं बज़िद था के बस अब कुछ न सुनूँगा वर्ना,
शब-भर आवाज़-सी आवाज़ तो आई है बहुत।

---

1. पैरों में छाले होना

40

सुर्ख़ सहर से है तो बस इतना-सा है गिला हम लोगों का।
हिज्र चराग़ में फिर कल शब-भर ख़ून जला हम लोगों का।

शब-भर इक आवाज़ बनाई सुब्ह हुई तो चीख़ पड़े,
रोज़ का ये मा'मूल है अब तो ख़्वाबज़दा[1] हम लोगों का।

हम वहशी थे वहशत में भी घर से कभी बाहर न रहे,
जंगल-जंगल फिर भी कितना नाम हुआ हम लोगों का।

ख़ाक की शोहरत देख के हम भी ख़ाक हुए थे पल-भर को,
फिर तो त'अक़्क़ुब[2] करती रही इक उम्र हवा हम लोगों का।

ये जो हम तख़्लीक़-ए-जहान-ए-नौ में लगे हैं, पागल हैं!
दूर से हमको देखने वाले हाथ बँटा हम लोगों का।

और तो कुछ नुक़्सान हुआ हो ख़्वाब में याद नहीं लेकिन,
एक सितारा ज़र्ब-ए-सहर[3] से टूट गया हम लोगों का।

बिगड़े थे बिगड़े ही रहे और उम्र गुज़ारी मस्ती में,
दुनिया-दुनिया करने से जब कुछ न बना हम लोगों का।

---

1. सपनों के मारे हुए, 2. पीछा, 3. सुबह की चोट से

41

मैं ख़िरदमन्द रहूँ या तेरा वहशी हो जाऊँ।
जो भी होना है मुझे इश्क़ में जल्दी हो जाऊँ।

ज़िन्दगी चाक की गर्दिश के सिवा कुछ भी नहीं,
मैं अगर कूज़ागरी[1] छोड़ दूँ, मिट्टी हो जाऊँ।

फिर से ले जाए मेरी ज़ात से तू इश्क़ उधार,
और मैं फिर से तेरे हुस्न पे बाक़ी हो जाऊँ।

उसकी जानिब से कोई हिज्र मुझे आ के लगे,
और मैं मारका-ए-इश्क़[2] में ज़ख़्मी हो जाऊँ।

कोई दम तू मेरे चेहरे पे ख़ुशी बन के उभर,
कोई दम मैं तेरे चेहरे की उदासी हो जाऊँ।

जब्र की तरह कोई जब्र करूँ अपने साथ,
क्यों न कुछ देर को मैं अपने पे हावी हो जाऊँ।

या तो दरिया में बदल जाऊँ कि लहरें उट्ठें,
या बगूलों[3] का कहा मान लूँ, आँधी हो जाऊँ।

बेनियाज़ों की तरह उम्र गुज़ारूँ लेकिन,
तू मेरे सामने आ जाए तो ज़िद्दी हो जाऊँ।

---

1. कुम्हार का काम, 2. इश्क़ की जंग, 3. बवंडर

42

न जाने कितने उरूज-ओ-ज़वाल[1] बदलेगा।
ये इक सितारा अगर अपनी चाल बदलेगा।

तू इसके साए में आया था आ के बैठा था,
ये पेड़ हिज्र के मौसम में छाल बदलेगा।

कि रात काट के उड़ जाती थीं मेरी नींदें,
ख़ुदा-ए-शब ने कहा है कि जाल बदलेगा।

जो चुप रहूँ तो यही इक जवाब काफ़ी है,
जो कुछ कहूँ तो वो अपना सवाल बदलेगा।

बिछड़ के उससे यही सोचता हूँ अक्सर मैं,
वो किस ख़याल से मेरा ख़याल बदलेगा।

बग़ौर देख मैं वो बेनियाज़ वहशी हूँ,
कि जो ख़ुशी से तेरा हर मलाल बदलेगा।

मैं उसके ख़्वाब न उसकी हक़ीक़तों में शुमार,
मेरे लिए वो कहाँ चाल-ढाल बदलेगा।

कुछ आइनों ने ख़बर दी है मेरे चेहरे को,
गुज़रता वक़्त तेरे ख़द्द-ओ-ख़ाल[2] बदलेगा।

---

1. उतार-चढ़ाव, 2. नैन-नक़्श

43

हर इक निगाह पे हद्दे गुमान करके मुझे।
ये किसने छोड़ दिया आसमान करके मुझे।

जिसे जुनूँ था मुझे लफ़्ज़-लफ़्ज़ करने का,
वो शख़्स देर से चुप है बयान करके मुझे।

ज़रा-सी बात पे कल क़रिया-ए-ख़मोशाँ[1] में,
हवाएँ छोड़ गईं बेज़बान करके मुझे।

खुली नहीं है अभी उसपे मेरी वीरानी,
वगर्ना रहने लगे वो मकान करके मुझे।

तुम्हारे हुस्न के सदक़े कि जिसने छोड़ा है,
जबीन-ए-इश्क़[2] पे गहरा निशान करके मुझे।

---

1. ख़ामोश लोगों की गली, 2. इश्क़ का माथा

44

शर्ह-ए-तख़्लीक़-ए-कायनात[1] करे।
वो ख़ुदा है! तो मुझसे बात करे।

ज़ेह्न में दिन गुज़ारने वाला,
दीदा-ओ-दिल में आज रात करे।

ज़िन्दगी इक जुनून है माना,
ये जुनूँ कौन ता-हयात करे।

है मज़ा जब कि वो मुझे ख़ुद में,
ख़ल्क़-ओ-मिस्मार[2] साथ साथ करे।

टूटते आइनों का शोर सुने,
और क्या पत्थरों की ज़ात करे।

जिसने बख़्शीं हैं मुश्किलें मुझको,
क्या अजब वो ही इल्तिफ़ात करे।

बात करनी थी बात की उससे,
कौन इतने तकल्लुफ़ात करे।

1. कायनात के निर्माण की व्याख्या, 2. बनाना और मिटाना

45

अब तेरी शक्ल में इब्हाम[1] ज़ियादा नहीं है।
यानी आँखों के लिए काम ज़ियादा नहीं है।

तेरे हाथों की मसीहाई का पास अपनी जगह,
सच तो ये है मुझे आराम ज़ियादा नहीं है।

मेरे आ'साब[2] भी वाक़िफ़ नहीं मुझसे या'नी,
मेरे अन्दर भी मेरा नाम ज़ियादा नहीं है।

जो बिता लूँ मैं वही दिन है ग़नीमत मुझको,
जो गुज़र जाए वही शाम ज़ियादा नहीं है।

ये तो सब चलता ही रहता है बिछड़ना-मिलना,
ज़िन्दगी ख़ैर वफ़ाख़ाम[3] ज़ियादा नहीं है।

मेरी क़ीमत न लगा पाएगी दुनिया लेकिन,
तू ख़रीदे तो मेरा दाम ज़ियादा नहीं है।

---

1. धुँधलापन, 2. इन्द्रियाँ, 3. वफ़ा में कच्ची

46

अब जो हूँ बेदार तो ये मेरी सज़ा है।
टूट चुकी नींद ख़्वाब टूट चुका है।

नींद में है कायनात-ए-हुस्न अज़ल से,
और मेरा इश्क़ ख़्वाब देख रहा है।

उससे कहो ताक़-ए-जाँ में ख़ुद को जलाए,
जिस्म में तो आज रात तेज़ हवा है।

जिससे महकती है वक़्त-ए-सुब्ह मेरी जाँ,
दश्त-ए-शब-ए-तार[1] में वो फूल खिला है।

ज़ह्र उतारेगा कौन किससे कहूँ मैं,
अबके लगा है जो तीर ज़ह्र बुझा है।

वहशत-ए-दिल ने भी आज मुझसे कहा था,
देख ज़रा! तुझमें कितना दश्त बचा है।

---

1. रात का जंगल

47

नींद की ज़द पे मेरी आँख का आना न हुआ।
यानी इक ख़्वाब भी शब-भर में पुराना न हुआ।

हम तो ख़ुश थे चलो तन्हाई का पहलू निकला,
वो रवाना भी हुआ और रवाना न हुआ।

घूम-फिर कर उसी इक शख़्स की ख़ातिर जीना,
ज़िन्दगी तुझसे कोई और बहाना न हुआ।

एक ही शह्र में रहते हैं बिछड़ कर दोनों,
और कुछ ऐसे कि फिर मिलना मिलाना न हुआ।

कब मनाऊँगा मैं उस हुस्न-ए-दिल-आवेज़[1] का सोग,
ये ज़माना भी अगर मेरा ज़माना न हुआ।

ख़ुदकुशी कर ली कई चेहरों ने पत्थर हो कर,
शह्र भी शह्र रहा आइनाख़ाना न हुआ।

मेरे वहशी ने मेरे दिल में जगह ढूँढ़ ली है,
उम्र गुज़री कि मेरा दश्त में जाना न हुआ।

1. सौन्दर्य

48

कहीं बिगाड़ न दे हिज्र की हवा मुझको।
बदन को दर्स-ए-बदन[1] दे, पढ़ा-लिखा मुझको।

तुझे चराग़ की अज़मत का कुछ पता ही नहीं,
जला रहा है तो फिर ठीक से जला मुझको।

मैं उस पे खिलता न खिलता ये बह्स बाद की थी,
वो एक बार पहन कर तो देखता मुझको।

कोई समझ न सका तिश्नगी है मेरा वजूद,
ये किस ज़बान में दरियाओं ने लिखा मुझको।

फ़िराक़-ओ-वस्ल गुज़ारे तुझे भुलाया भी,
यूँ तेरा होने में कुछ वक़्त तो लगा मुझको।

मैं खो गया तो बहरहाल खो गया इक बार,
किसे पड़ी थी यहाँ कौन ढूँढ़ता मुझको।

खिला हुआ हूँ मैं इक आरज़ू के सहरा में,
रखेंगी मेरी ही आँखें हरा-भरा मुझको।

---

1. बदन का सबक

49

कभी हवा के अगर हम-रकाब[1] हो गए हम।
तो ख़ाक उड़ाने में भी कामयाब हो गए हम।

गिरफ़्त-ए-शब में चमकती हुई हक़ीक़त थे,
गिरफ़्त-ए-शब से निकलते ही ख़्वाब हो गए हम।

न उसने हाथ लगाया न उसने बातें कीं,
पड़े-पड़े यूँ ही ख़ुद में ख़राब हो गए हम।

न जाने कौन ज़माने में किससे कब पूछे,
वो इक सवाल कि जिसका जवाब हो गए हम।

कभी मिले ही नहीं आसमान-ए-इश्क़ में फिर,
वो माहताब हुआ आफ़ताब हो गए हम।

ग़ुरूर-ए-आबशिकन कुछ नहीं था दरिया में,
हवाएँ जानती हैं क्यों हबाब[2] हो गए हम।

था एक आम सा रद्द-ए-अमल मुहब्बत में,
सुकून करके उसे इज़्तिराब[3] हो गए हम।

---

1. साथ चलने वाले, 2. बुलबुला, 3. बेचैनी

50

जुनूँ की ज़द पे रहे हैं म'आनी लफ़्ज़ों में।
सो आ गई है अजब सख़्त-जानी[1] लफ़्ज़ों में।

बहारें कर गई हैं मेरे हर ख़याल को सब्ज़,
सो चाहता हूँ ज़रा-सी ख़िज़ानी[2] लफ़्ज़ों में।

बहा के ले गया आँखों के साथ तहरीरें,
कहाँ से आया भला इतना पानी लफ़्ज़ों में।

कुछ ऐसे ख़ुशबुएँ रक़्साँ[3] हैं मेरे काग़ज़ पर,
खिली हो जैसे कहीं रात रानी लफ़्ज़ों में।

जो मुझमें है मेरे होने की इब्तिदा ही से,
समा गई है वही रायगानी लफ़्ज़ों में।

यहाँ की बातें यहीं का सलीक़ा चाहती हैं,
ज़मीं का ज़िक्र न कर आसमानी लफ़्ज़ों में।

बुझे-बुझे हैं दिये के म'आनी-ओ-मफ़्हूम,
इकट्ठा हो गए हैं आग-पानी लफ़्ज़ों में।

1. कठोरता, 2. सूखापन, 3. नाचती हुई

51

हर सम्त इक बरहना[1] उजाला था पिछली रात।
वो जिस्म रौशनी का हवाला था पिछली रात।

तारों-भरी सड़क पे चला जा रहा था मैं,
ये चाँद मेरे पाँव का छाला था पिछली रात।

थी ख़ानक़ाह-ए-जिस्म में इक महफ़िल-ए-समा'अ[2],
सो मैंने उसका हिज्र विसाला था पिछली रात।

वो तो हक़ीक़तों ने कहा देखते रहो,
वर्ना मैं ख़्वाब तोड़ने वाला था पिछली रात।

जो कुछ भी हाथ आया ज़मीनों को बाँट आए,
हमने इक आसमान खँगाला था पिछली रात।

मुझको जगाए रक्खा सितारों ने सुब्ह तक,
मैं किसका ख़्वाब देखने वाला था पिछली रात।

---

1. नग्न, 2. सूफ़ियों की महफिल

52

इश्क़ पानी की अलामत[1] है मगर पानी नहीं।
मैंने समझाया बहुत उसको प' वो मानी नहीं।

मैंने जब अपनी तरफ़ ग़ौर से देखा तो खुला,
मुझको इक मेरे सिवा कोई परेशानी नहीं।

दश्त को दिल की तरह का भी नहीं कह सकते,
है बयाबाँ ही मगर वैसी बयाबानी नहीं।

मैं तो क़ायल हूँ फ़क़त फ़ल्सफ़ा-ओ-मंतिक़[2] का,
मैंने मज़हब की सुनी ख़ूब मगर मानी नहीं।

ज़िन्दगी करना मेरा शौक़, मेरी मर्ज़ी है,
मैं कि ज़िन्दान-ए-शब-ओ-रोज़ का ज़िन्दानी नहीं।

वो ही दुनिया है वही मौसम-ओ-मंज़र वही लोग,
वो ही आँखें हैं मगर इनमें वो हैरानी नहीं।

नींद आने दे मुझे ख़्वाब भले आएँ न आएँ,
ऐ शब-ए-तार! अभी से ये बदन-ख़्वानी नहीं।

1. प्रतीक, 2. दर्शन और तर्कशास्त्र

अपने ग़म आप उठाने में भी मुश्किल है तुझे,
ज़िन्दगी देख! अब इतनी भी तन-आसानी नहीं।

उम्र गुज़रेगी मेरी यूँ ही जुनूँ करते हुए,
और जुनूँ करने में वैसे भी मेरा सानी नहीं।

53

रातों की सरमायादारी ख़त्म हुई।
सुब्ह हुई और शब-बेदारी ख़त्म हुई।

अह्द-ए-मुहब्बत गुज़रा, अह्द-ए-जुनूँ आया,
इक सरशारी[1] सी सरशारी ख़त्म हुई।

अपनी सम्त पलट कर आना अच्छा है,
अच्छा है सब दुनियादारी ख़त्म हुई।

काम मिला है ज़िन्दा रहने का हमको,
यानी साँसों की बेगारी ख़त्म हुई।

आँखों की मिट्टी से ख़्वाब निकाले जाएँ,
इन पर शब की इजारादारी[2] ख़त्म हुई।

चेहरे पे आने वाली उदासी हो कि ख़ुशी,
धीरे-धीरे बारी-बारी ख़त्म हुई।

रात बदन में यूँ तहलील हुई कि मेरी,
नींद में चलने की बीमारी ख़त्म हुई।

एक तसव्वुर ख़ाक उड़ाता गुज़रा और,
ज़ब्त की सारी ज़िम्मेदारी ख़त्म हुई।

---

1. मस्ती, 2. ठेकेदारी

54

हाल-ओ-माज़ी के इम्तिज़ाज से बन।
कल से बिगड़ा हुआ है आज से बन।

धूप की एड़ियों पे ओस छिड़क,
यूँ ही क़ुदरत के काम काज से बन।

मुस्तरद[1] कर दे पिछली तहरीरें,
ख़ुद पे ख़ुद अपने इन्दराज से बन।

ख़ाक है ख़ाक पर क़ना'अत कर,
सोने चाँदी न तख़्त-ओ-ताज से बन।

प्रान फूँके हैं एक जोगी ने,
साँस लेने लगेगा आज से बन।

---

1. रद्द

55

रूह में ले के ज़मानों की थकन आए थे हम।
रात यूँ था कि सर-ए-शह्‌-ए-बदन आए थे हम।

याद तो होगा खिली धूप के मानिंद इक रोज़,
रौज़न[1]-ए-जाँ से तेरे जिस्म में छन आए थे हम।

ख़ुश-लिबासी थी जहाँ शर्त उसी महफ़िल में,
लोग कहते हैं तेरा हिज्र पहन आए थे हम।

तेरी आँखों में कभी आए थे हैरत की तरह,
तेरे माथे पे कभी मिस्ल-ए-शिकन आए थे हम।

उसने कुछ ऐसा बनाया था कि बिगड़े हुए थे,
उसने कुछ ऐसा बिगाड़ा था कि बन आए थे हम।

वो तो अच्छा हुआ जी खोल के रोया वो हमें,
कैसा बच्चों की तरह धूल में सन आए थे हम।

तुझको देखा तो मिली क़ुव्वत-ए-गोयाई हमें,
किस क़दर चुप थे कि जब शह्‌-ए-सुख़न आये थे हम।

---

1. खिड़की

56

ज़ख़्म हूँ मैं तो इन्दमाल[1] है तू।
किब्रियाई की इक मिसाल है तू।

मैं ख़ुद अपना ज़ियाँ न कर बैठूँ,
इसलिए मेरी देखभाल है तू।

ख़ानक़ाह-ए-वजूद में अक्सर,
मुझको आता है जो वो हाल है तू।

रोज़ ख़ुद को जवाब करता हूँ,
रोज़ लगता है इक सवाल है तू।

इश्क़ ही ताज़ादम करे तो करे,
हुस्न से किस क़दर निढाल है तू।

दिल-रुबाई भी एक फ़न ठहरा,
और इस फ़न में बा-कमाल है तू।

पहले हासिल था किस क़दर मुझको,
हाय अब किस क़दर मुहाल है तू।

1. मरहम

57

मैं इक बदन हूँ सो तू भी तो इक बदन ही है।
पहन के देख ये मिट्टी भी पैरहन ही है।

मेरी सदाएँ कड़ी ख़ामुशी से गुज़री हैं,
वो कम-सुख़न था सो अब भी वो कम-सुख़न ही है।

किसी की याद अगर ज़िन्दगी हो ऐसे में,
किसी को याद न करना भी एक फ़न ही है।

ज़मीं पे गिर न पड़े बोझ से सितारों के,
ये आसमाँ भी मेरी तरह ख़स्तातन ही है।

बस इतना है कि मुहब्बत नहीं किसी से मुझे,
वगर्ना नाम तो मेरा भी कोहकन ही है।

मैं अपनी ज़ात के एक दाइमी[1] सफ़र में हूँ,
मेरा वजूद भी इक दाइमी थकन ही है।

हज़ार बुत थे, किनारे हुए जो तू आया,
अब इस लिहाज़ से तू भी तो बुत-शिकन[2] ही है।

कहीं नहीं है वो दरिया जो मुझमें था पहले,
ये और बात वो कश्ती तो मौजज़न ही है।

---

1. जो कभी ख़त्म न हो, 2. मूर्ति-भंजक

58

ऐसी ही मौजें ऐसी ही तुग़यानी लाओ।
मुझसे कहा दरिया ने कि मेरा सानी लाओ।

सबकी सुनोगे सबकी करोगे पागल हो!
अपने मिज़ाज में थोड़ी सी ना-फ़र्मानी लाओ।

ऐसे तो तुम हुस्न को रुस्वा कर दोगे,
ग़ौर से देखो आँखों में हैरानी लाओ।

जलता हुआ इक बोसा रक़म करना है मुझे,
होंटों पे फिर आऊँगा अभी पेशानी लाओ।

मैं तो कुछ इसके बा'द भी ज़िन्दा रह लूँगा,
प्यास की हालत ठीक नहीं है पानी लाओ।

मेरे बयान में कुछ मुहमल[1] अल्फ़ाज़ भी हैं,
मुझको समझना है तो फिर इनके म'आनी लाओ।

---

1. व्यर्थ

59

जो मुझमें है उसी वहशत का इस्तियारा[1] बनाओ।
बरहना शब के बदन पर कोई सितारा बनाओ।

मैं अपने आप से बिल्कुल भी मुतमइन नहीं हूँ,
ये क्या बनाया है तुमने मुझे! दोबारा बनाओ।

मैं हूँ पहाड़ तो तेशे का इन्तज़ाम करो,
अगर हूँ झील तो मुझ पर कोई शिकारा बनाओ।

यूँ अपने पैकर-ए-ख़ाकी पे इक्तिफ़ा[2] न करो,
कुछ और हुस्न मिलाओ कुछ और प्यारा बनाओ।

बचा रहूँ मैं मुहब्बत में सर्फ़ हो के भी,
बना रहे हो तो मुझको कुछ इतना सारा बनाओ।

मैं हूँ तुम्हारा तो सरगर्मी-ए-हयात बढ़ाओ,
जहाँ में इश्क़ की ख़ातिर कोई इदारा बनाओ।

फ़सील-ए-गिरिया में चुनवाए जाएँगे हम लोग,
सो हँसने वालो हँसो और थोड़ा गारा बनाओ।

तुम्हारा रूप तुम्हारा ही रूप है जोगी,
तुम्हारी छब ही अलग है अलग तुम्हारा बनाओ।

---

1. रूपक, 2. सन्तोष

60

फिर धड़कने पे भी माइल नहीं कर सकता मुझे।
क्या करेगा तू अगर दिल नहीं कर सकता मुझे।

ये तो दरिया भी बहरहाल समझता होगा,
कोई गिर्दाब[1] से साहिल नहीं कर सकता मुझे।

मेरा मिलना भी न मिलना भी मेरी मर्ज़ी है,
मैं न चाहूँ तो वो हासिल नहीं कर सकता मुझे।

ऐसे थोड़ी मेरी फ़ित्रत में तग़य्युर होगा,
मैं अगर हक़ हूँ, तू बातिल नहीं कर सकता मुझे।

मेरी तन्हाई कहाँ इसकी इजाज़त देगी,
तू किसी भीड़ में शामिल नहीं कर सकता मुझे।

मेरे रस्ते से हटा सकता है मुझको लेकिन,
तू मेरी राह में हाइल नहीं कर सकता मुझे।

मैं तुझे आइना मानूँ तो भला क्यों मानूँ,
तू भी जब मेरे मुक़ाबिल नहीं कर सकता मुझे।

1. भँवर

61

‘कम उड़ो’ हमको जो मिट्टी ने हिदायत की है।
ये हवा होगी कि अब जिसने शिकायत की है।

छू के देखा है मगर वो भी तो इक उम्र के बा'द,
हमने इक उम्र तो उस हुस्न पे हैरत की है।

ये जो ख़ामोश रहा करते हैं अक्सर अब हम,
हमने एक शख़्स की आवाज़ पे बै'अत की है।

क्या पता चीख़ रही हो वो मेरे अन्दर की,
इक ख़मोशी सी जो ये तुमने समा'अत की है।

मैंने आवारा हवाओं की तरह जंगल में,
एक-इक सूखे हुए फूल की क़ि'र्अत की है।

जाने क्या सूझा बरहना चली आई सर-ए-आब,
फिर तो दरिया ने जो उस प्यास की हालत की है!

अनसुना करती है सुनकर भी जो दुनिया तुमको,
बात लहजे की नहीं बात मतानत[1] की है।

---

1. संजीदगी

62

यूँ मेरी आँख जो बीमार पड़ी है इस बार।
लगता है ज़र्ब-ए-शब-ए-तार[1] पड़ी है इस बार।

रक़्स करने का इरादा तो नहीं था लेकिन,
मुझ पे वहशत सर-ए-बाज़ार पड़ी है इस बार।

ख़ून से फूल बनाती है जो हर माथे पर,
रास्ते में वही दीवार पड़ी है इस बार।

लफ़्ज़-ए-कुन जैसी ही तासीर रखी है जिसमें,
मुझमें वो गूँज भी बेकार पड़ी है इस बार।

एक चढ़ता हुआ दरिया है मुक़ाबिल मेरे,
और कश्ती है कि उस पार पड़ी है इस बार।

वो तो बिछड़ा ही, मुझे अपनी ख़बर भी कब है,
इश्क़ की मुझ पे बुरी मार पड़ी है इस बार।

पिछले मौसम में तो दरिया भी नहीं था मन का,
तिश्नगी रेत पे सरशार पड़ी है इस बार।

---

1. **रात की** चोट

63

धूम थी घर में बहुत रौनक़-ए-बाज़ारी की।
ख़ुद को बेच आए तो हमने भी ख़रीदारी की।

एक दिन उसको अज़ा करके ही छोड़ा हमने,
और फिर उम्र-भर उसकी ही अज़ादारी की।

मैं कि नाज़ाँ था बहुत उसकी मसीहाई पर,
उसने मीयाद बढ़ा दी मेरी बीमारी की।

तुम भी कुछ और तड़प लो तो मयस्सर हों तुम्हें,
हमने अपनी भी ज़रा देर से ग़मख़्वारी की।

नींद अधूरी है अभी ख़्वाब अधूरे हैं अभी,
किसने अफ़्लाक से ये नह्र-ए-सहर[1] जारी की।

तुम भड़क कर जो न जल पाओ तो फिर दूर रहो,
जिस्म पर आग पहनती है मेरी तारीकी।

अक़्ल हर बार ये कहती थी ज़ियाँ[2] है इसमें,
दिल ने हर बार तेरे ग़म की तरफ़दारी की।

---

1. सुबह की नहर, 2. नुक़सान

64

जवाज़-ए-तश्नादहानी[1] बता रहा है मुझे।
मैं प्यासा क्यों हूँ ये पानी बता रहा है मुझे।

मैं छूट जाता हूँ अक्सर पुराने घर में सो दिल,
शु'ऊर-ए-नक़्ल-ए-मकानी बता रहा है मुझे।

उसे मैं अपनी हक़ीक़त नहीं बता सकता,
वो शख़्स अपनी कहानी बता रहा है मुझे।

मैं लफ़्ज़-लफ़्ज़ किए दे रहा हूँ उसको और,
वो हुस्न अपने म'आनी बता रहा है मुझे।

मैं उसको हिफ़्ज़ हूँ इतना और इस क़दर कि वो शख़्स,
ज़माने भर को ज़बानी बता रहा है मुझे।

वो कह रहा है कि दरिया है उसके पीर का नाम,
और अपना दीन रवानी बता रहा है मुझे।

1. प्यास का औचित्य

65

चलते हुए मुझमें कहीं ठहरा हुआ तू है।
रस्ता नहीं मंज़िल नहीं अच्छा हुआ तू है।

मैं यूँ ही नहीं अपनी हिफ़ाज़त में लगा हूँ,
लगता है कि मुझमें कहीं रक्खा हुआ तू है।

इक चोट लगी थी सो हुई उम्र उसे भी,
बिखरा हुआ मैं हूँ कि ये टूटा हुआ तू है।

ता'बीर तक आते ही तुझे छूना पड़ेगा,
लगता है कि हर ख़्वाब में देखा हुआ तू है।

इस घर में न होके भी फ़क़त तू ही रहेगा,
दीवार-ओ-दर-ए-जाँ में समाया हुआ तू है।

मुझ जिस्म की मिट्टी पे तेरे नक़्श-ए-कफ़-ए-पा,
और मैं भी बड़ा ख़ुश कि अरे क्या हुआ! तू है।

वो नूर हो आँसू हो कि ख़्वाबों की धनक हो,
जो कुछ भी इन आँखों में इकट्ठा हुआ तू है।

66

बहाव तेज़ है सो डर के मारे बैठा हूँ।
कई दिनों से मैं अपने किनारे बैठा हूँ।

गुज़रते लम्हों को इसकी ख़बर नहीं शायद,
मैं अपने हिस्से की उम्रें गुज़ारे बैठा हूँ।

मेरी मदद के लिए दूसरा नहीं कोई,
मैं इस ख़राबे में अपने सहारे बैठा हूँ।

कहो कि और ज़रा इन्तज़ार कर लें ख़्वाब,
अभी मैं आँखों से नींदें उतारे बैठा हूँ।

हो ऐसा वस्ल कि मिट्टी के होश उड़ जाएँ,
बरहना हो के मैं नद्दी किनारे बैठा हूँ।

वो एक खेल जिसे ज़िन्दगी कहा जाए,
वो एक खेल भी मैं कब का हारे बैठा हूँ।

बहल रहेगी तबीयत गुज़रती रात के साथ,
मेरे क़रीब हैं कुछ माहपारे, बैठा हूँ।

67

न आई नींद न रातों का क़र्ज़ उतारा गया।
जो मेरी आँखों तक आया वो ख़्वाब मारा गया।

वहाँ से जाओ शफ़क़ भर लो अपने दामन में,
मिसाल-ए-शाम हमें जिस जगह गुज़ारा गया।

अजीब जंग लड़ी हमने भी ज़माने से,
न जीत पाए किसी से न ख़ुद को हारा गया।

मेरा जवाब न आया तो इसमें हैरत क्यों,
वहाँ मैं था ही नहीं जब मुझे पुकारा गया।

लो ज़ुल्फ़ बाँध ली शब ने सहर की आहट पर,
लो आसमाँ से वो इक आख़िरी सितारा गया।

न जाने कौन था जिसके लिए बने थे हम,
न जाने किसकी तमन्ना पे हमको वारा गया।

अभी तो रात बहरहाल रात है 'अभिषेक',
न माहताब गया है न माहपारा गया।

68

चमकती पलकों पे जब काली रात रक्खा करो।
मेरी सुनो तो ज़रा एहतियात रक्खा करो।

मैं अपना अक्स तुम्हीं में तलाश करता हूँ,
सो आइने की तरह अपनी ज़ात रक्खा करो।

किसी का इश्क़ ज़रूरी नहीं फ़राग़त दे,
किसी के हुस्न में अपनी निजात रक्खा करो।

विसाल शह्र में थोड़ी ज़मीन दे दो मुझे,
और अपने पास मेरी कायनात रक्खा करो।

इस एहतमाम में हुस्न-ए-तज़ाद[1] दिखता है,
हमेशा आग को पानी के साथ रक्खा करो।

कि जैसे ज़ख़्म पे मर्हम रखे कोई ईसा,
मेरी हयात पे अपनी हयात रक्खा करो।

कोई सुने न सुने कोई कुछ कहे न कहे,
तुम्हें तो बात ही रखनी है बात रक्खा करो।

---

1. विरोधाभास का सौन्दर्य

69

प्यास के मारों को दरिया का जवाब आया था।
तुमने देखा नहीं पानी पे हबाब आया था।

नींद में होगा मेरा शह्र अभी रहने दो,
जाग उट्ठे तो बता देना कि ख़्वाब आया था।

प्यास ने देखा कि इक आलम-ए-सैराबी में,
अहल-ए-दरिया के घरों तक तो सराब आया था।

वो रवानी थी तबीयत में कि जिसके चलते,
ठहरे पानी में मेरा अक्स ख़राब आया था।

सुब्ह देखा तो बदन ज़र्द पड़ा था मेरा,
रात ख़्वाबों में मेरे ताज़ा गुलाब आया था।

याद आता है कि पूछा था बता कौन हूँ मैं,
याद आया कि मुझे मेरा जवाब आया था।

सब मसीहा मेरे सीने से लगे बैटे थे,
दिल के ज़ख़्मों पे भी किस दर्जा शबाब आया था।

70

सिफ़त हवाओं सी है और जिस्म ख़ाकी है।
न जाने किसने हमें ज़िन्दगी अता की है।

हमारी जान उसी शख़्स में लगी है कि जो,
हमारा होगा नहीं हमने वो ख़ता की है।

जलाए देती थी हमको तेरे फ़िराक़ की धूप,
सो इक दरख़्त के साए से इल्तिजा की है।

ये मंज़िलों के तमाशे मेरे लिए नहीं हैं,
मेरी तलाश फ़क़त एक नक़्श-ए-पा की है।

जिसे भी छू लें वही बेक़रार हो जाए,
हमारी ज़ात में शोरीदगी बला की है।

हम उसके सामने आए तो इक कहानी थे,
तमाम उम्र जिसे वो कहा-सुना की है।

ये सब तमाशे अज़ल ही से चल रहे हैं यहाँ,
हमीं ने चश्म-ए-तमाशाई आज वा[1] की है।

1. खोलना

71

अजीब रिश्ता-ए-दीवार-ओ-दर बना हुआ है।
कि जिसमें रहना नहीं है वो घर बना हुआ है।

ये और बात कि देखा भी है तो बस तुमको,
ये और बात कि ज़ौक़-ए-नज़र[1] बना हुआ है।

लहू-लहू हुआ माथा लहू-लहू दीवार,
मगर अभी मेरा सौदा-ए-सर बना हुआ है।

बस एक बार तेरा ख़्वाब मैंने देखा था,
हक़ीक़तों पे अभी तक असर बना हुआ है।

जो साथ है वो शरीक-ए-सफ़र नहीं है, और,
जो साथ है भी नहीं हमसफ़र बना हुआ है।

ये किसकी धूप मेरे जिस्म-ओ-जाँ में बिखरी है,
ये किसका साया मेरी ज़ात पर बना हुआ है।

बिगड़ चुका हूँ मैं किस दर्जा, देखने के बाद,
ये देखना है कि तू किस क़दर बना हुआ है।

---

1. देखने की अभिरुचि

72

मेरी वहशत की पज़ीराई न कर पाएगा तू।
ख़ुद को इतना अभी सहराई न कर पाएगा तू।

हँसता-गाता हुआ इक शह्र है मुझमें आबाद,
मेरे अतराफ़[1] को तन्हाई न कर पाएगा तू।

मुझको देखेगा बहरहाल जुनूँ करते हुए,
हाँ मेरी हौसला-अफ़ज़ाई न कर पाएगा तू।

आड़े आ जाएगी हर बार मेरी नादानी,
मेरे आगे कोई दानाई[2] न कर पाएगा तू।

अबके लगता है कि बीमार हूँ मैं सचमुच का,
अबके लगता है मसीहाई न कर पाएगा तू।

---

1. चारों ओर, 2. अक़्लमन्दी

73

हर्फ़ लफ़्ज़ों की तरफ़ लफ़्ज़ म'आनी की तरफ़।
लौट आए सभी किर्दार कहानी की तरफ़।

दिल वो दरिया है मेरे सीना-ए-ख़ाली में कि अब,
ध्यान जाता ही नहीं जिसकी रवानी की तरफ़।

पहले मिसरे में तुझे सोच लिया हो जिसने,
जाना पड़ता है उसे मिसरा-ए-सानी की तरफ़।

उससे कहना कि धुआँ देखने लायक़ होगा,
आग पहने हुए जाऊँगा मैं पानी की तरफ़।

दिल में इक शख़्स की उम्मीद का मरना था कि बस,
धड़कनें खिंचने लगीं मर्सियाख़्वानी की तरफ़।

हम तो इक उम्र हुई अपनी तरफ़ आ भी चुके,
और दिल है कि उसी दुश्मन-ए-जानी की तरफ़।

उठने लगती है मेरे जिस्म से इक बू-ए-फ़िराक़,
रात देखूँ जो कभी रात की रानी की तरफ़।

जब फ़िज़ा उसके बदन-रंग की हो जाएगी,
ग़ौर से देखेंगे हम अपनी जवानी की तरफ़।

74

चीख़ने तक की इजाज़त नहीं मिलती है हमें।
कोई संजीदा समा'अत नहीं मिलती है हमें।

एक-इक साँस के पीछे है रवाँ दर्द की लह्र,
हुस्न से कोई रियायत नहीं मिलती है हमें।

जाने क्या जुर्म-ए-तमन्ना थी कि इक उम्र हुई,
कुछ भी हो जाए ज़मानत नहीं मिलती है हमें।

शह्र का सोच के देखें तो हँसी आती है,
आप अपनी भी इमामत नहीं मिलती है हमें।

उसके जैसी कोई ख़ुशबू तो बहुत दूर की बात,
उसके जैसी कोई रंगत नहीं मिलती है हमें।

इक्का-दुक्का किसी दीवार का साया हो तो हो,
सर छुपाने के लिए छत नहीं मिलती है हमें।

75

किसी तरह की इ'बादत रवा[1] नहीं रखूँगा।
सनम रखूँगा मैं दिल में ख़ुदा नहीं रखूँगा।

मैं जम के सोऊँगा, आऊँगा ख़्वाब में मिलने,
फ़िराक़ में भी कोई रतजगा नहीं रखूँगा।

तमाम उम्र गुज़ारूँगा आबयारी में,
कुछ इस तरह कि मैं ख़ुद को हरा नहीं रखूँगा।

जो आने वाले हों पहले से इत्तेला'अ करें,
कि उम्र-भर तो मैं ख़ुद को खुला नहीं रखूँगा।

बुझाए देती थी ये मेरी धड़कनों के चराग़,
सो मैं भी सीने में अबके हवा नहीं रखूँगा।

कुछ एक साँसों कुछ इक धड़कनों की दूरी बस,
मैं तुझसे और कोई फ़ासला नहीं रखूँगा।

कहोगे तुम कि ये हुस्न-ए-तज़ाद है लेकिन,
मैं ख़ामुशी के मुक़ाबिल सदा नहीं रखूँगा।

---

1. जारी

76

वो इक हँसी है कि जिसमें रोना मिला रहा हूँ।
मैं उसके होने में अपना होना मिला रहा हूँ।

कहा था उसने कि ज़रपरस्ती[1] भी एक शय है,
सो अपनी मिट्टी में उसका सोना मिला रहा हूँ।

हिसाब करने लगा हूँ अपनी मुहब्बतों का,
किसी को पाना किसी का खोना मिला रहा हूँ।

कुछ एक तस्वीरें सामने हैं तुम्हारी मेरी,
मैं बस ख़यालों में कोना-कोना मिला रहा हूँ।

मेरा सफ़र है उदासियों से कुछ और आगे,
सो अब मुहब्बत में रोना-धोना मिला रहा हूँ।

कहा था तुमने कि मेरी वहशत तुम्हारा हक़ है,
सो अपने वहशी से अब मिलो ना! मिला रहा हूँ।

जुनूँ में इसको इज़ाफ़ा समझेंगे लोग शायद,
मैं ख़ाक होने में ख़ाक होना मिला रहा हूँ।

---

1. सोने की पूजा

77

शह्र का हुस्न तेरे हुस्न से कुछ कम है अभी।
इसलिए देखने वालों को तेरा ग़म है अभी।

धूप ही धूप इन आँखों पे मली है दिन-भर,
फिर भी लगता है कि इक ख़्वाब कहीं नम है अभी।

और तो जितने थे सुलझा भी चुके हम, लेकिन,
ज़ुल्फ-ए-हस्ती[1] में तेरी याद का इक ख़म है अभी।

मैं मनाता हूँ तो कुछ और ख़फ़ा होता है,
मुझमें इक शख़्स मेरी ज़ात से बरहम[2] है अभी।

ग़ौर से देख कि ये सरसरी अच्छी नहीं है,
मेरी तस्वीर तेरी आँख में मुब्हम[3] है अभी।

तुम भड़क कर जो न जल पाओ तो फिर दूर रहो,
ख़ुद को देखो कि ये लौ इश्क़ की मद्धम है अभी।

1. ज़िन्दगी की ज़ुल्फ़, 2. नाराज़, 3. धुँधली

78

हमारी आँखों से उसका मंज़र लगा रहेगा।
कुछ ऐसे सर हैं कि जिनसे पत्थर लगा रहेगा।

मैं उम्र-भर के लिए कुछ ऐसे हूँ अपनी ज़द पर,
कि उम्र-भर अपनी जान का डर लगा रहेगा।

हम आसमानों की सैर करते हुए मिलेंगे,
हमारे जिस्मों से ग़म का शहपर[1] लगा रहेगा।

तमाम मुंसिफ़ मेरे ही हक़ में रहेंगे लेकिन,
वो एक इल्ज़ाम है कि मुझ पर लगा रहेगा।

बस एक आहट से टूट सकती हैं मेरी नींदें,
बस एक खटका-सा मुझको शब-भर लगा रहेगा।

'कोई नहीं है यहाँ बजुज़ मेरे और उसके',
ये एक तख़्ती की तरह बाहर लगा रहेगा।

मैं जानता हूँ कि हर सफ़र को है नींद दरकार,
तुम आओगे तो तुम्हारा बिस्तर लगा रहेगा।

1. पंख

79

अजीब पेड़ हूँ साया नहीं समर भी नहीं।
और अब तो काटने वालों का मुझको डर भी नहीं।

सहर की आस लगाए हुए हैं वो कि जिन्हें,
कमान-ए-शब से चले तीर की ख़बर भी नहीं।

यही हुजूम कि हाथों में तेग़ है जिसके,
यही हुजूम कि शाने पे जिसके सर भी नहीं।

कुछ और सुनना सुनाना कि उम्र कम है बहुत,
मेरा फ़साना तो कुछ इतना मुख़्तसर भी नहीं।

वो रौशनी जो मेरी आँख पर पड़ी तो लगा,
कि दर्मियान बस अब कुछ न हो, नज़र भी नहीं।

खुला मैं उस पे कुछ ऐसे कि जैसे ज़ख़्म खुलें,
ये और बात कि वो शख़्स चारागर भी नहीं।

जहान-ए-ख़्वाब में बिखरा हुआ है चारों तरफ़,
वो एक चेहरा बज़ाहिर जो आँख भर भी नहीं।

80

आँखों पे शब रक़म भी नहीं कर सकूँगा मैं।
ऐ ख़्वाब! तेरा ग़म भी नहीं कर सकूँगा मैं।

इक जान है जो नज़्र गुज़ारी न जाएगी,
इक सर है जिसको ख़म भी नहीं कर सकूँगा मैं।

इक मुस्तक़िल सफ़र है तेरी आरज़ू मुझे,
और ख़ुद को ताज़ादम भी नहीं कर सकूँगा मैं।

उसको ख़ुदा बनाने की ज़िद पर अड़ा है तू,
ऐ दिल! जिसे सनम भी नहीं कर सकूँगा मैं।

इन जंगलों की ख़ाक लिपटती है पाँव से,
इन जंगलों में रम[1] भी नहीं कर सकूँगा मैं।

सब्ज़ा भी चाहती हैं तसव्वुर की ख़ाक पर,
वो आँखें जिनको नम भी नहीं कर सकूँगा मैं।

तेरी कमी में रोज़ इज़ाफ़ा करेगी उम्र,
और इस कमी को कम भी नहीं कर सकूँगा मैं।

---

1. विचरण

81

रही-सही मेरी वहशत भी इख़्तिताम[1] पर आए।
ख़िरद से कहना कई दिन हुए हैं काम पर आए।

कुछ और हुस्न मिलाकर बनाओ मर्हम-ए-शब,
भरे नहीं हैं अभी तक जो ज़ख़्म शाम पर आए।

न जाने अबके बिछड़ना कहाँ हो दुनिया से,
न जाने अबके तेरी याद किस मक़ाम पर आए।

सनद उसी को समझते हैं इश्क़ में हम लोग,
वो पुख़्तगी कि जो ख़िंच कर ख़याल-ए-ख़ाम[2] पर आए।

बचाने वाली कोई याद थी न कोई उमीद,
हम अपने आप से जिस रोज़ इन्तक़ाम पर आए।

यही ग़ुलाम समझता है रम्ज़-ए-हिज्र-ओ-विसाल,
अजब नहीं जो तेरा दिल इसी ग़ुलाम पर आए।

वो एक वार जो शहरग पे था तमन्ना का,
हुआ तो छींटे हमीं पर नहीं तमाम पर आए।

वो जिसका नाम है 'हुस्ना' उसे ख़बर ही नहीं,
कि शाइरी की तरफ़ हम उसी के नाम पर आए।

---

1. ख़त्म होना, 2. जो पका न हो विचार

82

मिट्टी से मश्वरा न कर पानी का भी कहा न मान।
ऐ आतिश-ए-दरूँ[1] मेरी पाबन्दी-ए-हवा न मान।

या तो वो आब हो बहुत या फिर सराब[2] हो बहुत,
मिट्टी हो जिसके जिस्म में उसको मेरा ख़ुदा न मान।

हर इक लुग़त से मावरा, मैं हूँ अजब मुहावरा,
मेरी ज़बाँ में पढ़ मुझे दुनिया का तर्जुमा न मान।

बस एक दीद-भर का है फिर तो ये वक़्फ़ा-ए-हयात,
उनके क़रीब जा मगर आँखों की इल्तिजा न मान।

ज़िन्दा समा'अतों का सोग सुनते कहाँ हैं अब ये लोग,
तू भी सदाएँ देता रह मुझको भी बेसदा न मान।

टूटे हैं मुझ पे क़ह्र भी मैंने पिया है ज़ह्र भी,
मेरी ज़बान-ए-तल्ख़ का इतना भी अब बुरा न मान।

पहले की बात और थी, दिन और रात और थी,
अब तो मैं लाइलाज हूँ ख़ुद को मेरी दवा न मान।

---

1. अन्दर की आग, 2. मृग-मरीचिका

गुज़री हुई रुतों में गुम पिछली मुहब्बतों में गुम,
ख़ुद में कहाँ मिलूँगा मैं मुझको मेरा पता न मान।

ज़ेब-ए-तन और कुछ नहीं जुज़ तेरी आरज़ू के अब,
तू भी मुहाल है तो फिर मुझ पर कोई क़बा न मान।

हर शाख़ ज़र्द-ज़र्द है हर फूल दर्द-दर्द है,
मुझमें ख़िजाँ मुक़ीम है मुझको हरा-भरा न मान।

83

पैकर-ए-नूर में ढलता ही चला जाता हूँ।
लौ पकड़ लूँ तो मैं जलता ही चला जाता हूँ।

मंज़िलें ख़ाक मेरी राह में हाइल होंगी,
वो जुनूँ है कि मैं चलता ही चला जाता हूँ।

नख़्ल-ए-सहरा था मगर जबसे तू रोया मुझ पर,
देख मैं फूलता-फलता ही चला जाता हूँ।

एक तू है कि मयस्सर नहीं आने वाला,
एक मैं हूँ कि मचलता ही चला जाता हूँ।

बर्फ़ पर रक्खी हुई आग हैं तेरी यादें,
इन दिनों मैं तो पिघलता ही चला जाता हूँ।

फ़ैसलाकुन है अगर तू तो बस अब जल्दी कर,
मैं जो टल जाऊँ तो टलता ही चला जाता हूँ।

मैं कि इक सिलसिला-ए-लग़्ज़िश-ए-पा हूँ लेकिन,
जब सँभलता हूँ सँभलता ही चला जाता हूँ।

सब के सब लोग यहाँ चाहते हैं आब-ए-हयात,
और मैं ज़ह्र उगलता ही चला जाता हूँ।

84

अब ख़ल्क़ अगर ख़ुदा बनाए।
मिट्टी के रंग का बनाए।

मुझमें भी चराग़ जल उठेंगे,
तू ख़ुद को अगर हवा बनाए।

तारीफ़ यही तो है हमारी,
वो ज़हर कि जो दवा बनाए।

मैं रात बना रहा हूँ ख़ुद को,
है कोई कि जो दिया बनाए।

बन्दा तो हूँ नहीं किसी का,
यूँ मैंने कई ख़ुदा बनाए।

मुझको जो बरहना देखना हो,
दुनिया मेरी क़बा बनाए।

ख़ालिक़ है वो तो फिर कहो न,
हमको भी इक ज़रा बनाए।

85

हिमांशु बाजपेयी की नज़्र

दर-ए-विसाल पे सज्दागुज़ार[1] हो के मिला।
हवा-ए-जिस्म को वो भी ग़ुबार हो के मिला।

मैं आबला था सो मेरी निजात का लम्हा,
मुझे मिला भी तो फिर नोक-ए-ख़ार हो के मिला।

मिला वो पहले पहल मुझको नश्शे के मानिंद,
और उसके बा'द मुसल्सल ख़ुमार हो के मिला।

वो हल्का-फुल्का बदन भी ब-ज़ेर-ए-शाम-ए-फ़िराक़,
मेरी उदास तमन्ना पे बार हो के मिला।

उसे छुआ तो बदन में चराग़ जल उट्ठे,
कुछ इस क़दर वो मुझे बेक़रार हो के मिला।

हमारी उम्र-ए-बरहना[2] जवाज़[3] थी जिसका,
वो पैरहन भी हमें तार-तार हो के मिला।

ये बस्तियाँ हैं कि बाज़ार कुछ नहीं मा'लूम,
यहाँ तो जो भी मिला इश्तिहार हो के मिला।

---

1. सजदा करके, 2. नग्न गुज़ारी गई ज़िन्दगी, 3. औचित्य

86

जल उठी है तो ये मद्धम नहीं होने वाली।
मेरी आवाज़ की लौ कम नहीं होने वाली।

मेरी तन्हाई है वो ग़ार-ए-तसव्वुर[1] कि जहाँ,
तेरी आमद भी तो हरदम नहीं होने वाली।

देखते-देखते बुझ जाएँगे आँखों के चराग़,
तेरी तस्वीर तो मुब्हम नहीं होने वाली।

तुझसे बिछड़े तो कई बार ख़याल आया हमें,
क्या ये ख़ैरात-ए-नफ़स[2] कम नहीं होने वाली।

खुल के बरसे न तेरी याद का बादल जब तक,
मेरे अन्दर की फ़िज़ा नम नहीं होने वाली।

ये अलग बात ख़ुशी हो कि न हो जान-ए-मुराद,
तू मेरी ज़ात का मातम नहीं होने वाली।

मौत आए तो ये मुम्किन है मेरे ज़ख़्म भरें,
ज़िन्दगी तू मेरा मर्हम नहीं होने वाली।

---

1. कल्पना की गुफा, 2. साँसों का दान

87

खुली सड़क पे दिल-ए-तंग ले के आया है।
इक आईना है जिसे संग ले के आया है।

ज़बान-ए-दिल हूँ समझना मुहाल है मेरा,
सो हुस्न इश्क़ की फ़र्हंग[1] ले के आया है।

गिराँ गुज़रता है दिल पर अगर मैं दोहराऊँ,
ये दुःख अजीब सा आहंग[2] ले के आया है।

खुला ये किस पे कि तस्वीर अभी अधूरी है,
ये कौन मेरे लिए रंग ले के आया है।

समन्दरों की हवा में पड़ा हो ज्यूँ आहन[3],
तमाम इश्क़ मेरा ज़ंग ले के आया है।

ये लग रहा है कि अबके ठिकाने आएगी अक़्ल,
जुनून अबके नए ढंग ले के आया है।

---

1. शब्दकोश, 2. स्वर, 3. लोहा

88

वो धूप थी कि मेरे बाल-ओ-पर झुलसने लगे।
ख़ुदा का शुक्र कि बादल तभी बरसने लगे।

उमड़ता आता है इक सैल-ए-ग़म ज़ियारत को,
ये कौन लोग मेरे जान-ओ-तन में बसने लगे।

वो दिन भी आए मेरे बाज़ुओं में तू हो, और,
वफ़ूर-ए-शौक़[1] से मेरी गिरफ़्त कसने लगे।

नमी थी जब तलक आँखों में मुस्कुराते रहे,
भर आई आँख तो हम लोग खुल के हँसने लगे।

मेरी निजात मेरे ज़हर ही में है शायद,
वो साँप हूँ कि जो ग़ुस्से में ख़ुद को डसने लगे।

न आई नींद तो आँखों से कर लिया झगड़ा,
न आए ख़्वाब तो नींदों पे हम बरसने लगे।

ज़मीं गुमान की कुछ इतनी दलदली थी न पूछ,
यक़ीं ने पाँव धरा और पाँव धँसने लगे।

1. प्रेम का आधिक्य

89

नदी की ज़ुल्फ़ में नैरंग-ए-आब[1] देखेगी।
हमारी तश्नादहानी भी ख़्वाब देखेगी।

वो आँख जिसका नमी पर बड़ा अक़ीदा है,
वो आँख खुलते ही पहले सराब देखेगी।

हमारी बह्स को है अब मुशाहिदा[2] दरकार,
मुझे बता तू कहाँ तक किताब देखेगी।

ख़िरद के हिस्से में आया है अह्द-ए-बेहोशी,
हमारे होश का वक़्फ़ा शराब देखेगी।

इधर-उधर से पढ़ा जा रहा हूँ मैं अफ़्सोस!
न जाने कब वो तमन्ना का बाब[3] देखेगी।

फ़ना के हाथ में है सारा कारोबार-ए-वजूद,
तू मेरी साँसों का कब तक हिसाब देखेगी।

खिला तो मैं भी अगर्चे मिसाल-ए-ज़ख़्म खिला,
मगर उस आँख को ज़िद है गुलाब देखेगी।

सवाल था जो मुझे देखना ही पड़ जाए,
जवाब आया कि ख़ाना-ख़राब देखेगी।

---

1. पानी का फ़रेब, 2. सूक्ष्म अवलोकन, 3. अध्याय

90

मेरे गुमाँ में किसी का यक़ीन शामिल नहीं।
इस आसमाँ की बुनत[1] में ज़मीन शामिल नहीं।

हज़ारों दूसरी चीज़ें हैं तरबियत को मेरी,
और ऐसी चीज़ों में मुद्दत से दीन शामिल नहीं।

ये इज़्दहाम[2] मेरी आँख पर गिराँ है बहुत,
इस इज़्दहाम में कोई हसीन शामिल नहीं।

मेरे ख़िलाफ़ जो साज़िश है बाम-ओ-दर की है,
मकाँ ने ख़ुद ही बताया मकीन शामिल नहीं।

मैं सज्दा-रेज़[3] यक़ीनन हूँ आस्ताँ पे तेरे,
प' मेरे सज्दों में मेरी जबीन शामिल नहीं।

वो साँप हूँ कि जो अपनी ही धुन पे रक़्स में हो,
और उसके रक़्स में दुनिया की बीन शामिल नहीं।

हमारे नाम में दो-चार ही तो अक्षर हैं,
अलिफ़ लगा न सके आप शीन शामिल नहीं।

---

1. बुनावट, 2. दृश्य, 3. सज्दे में होना

91

जो सैर करने से ये बाग़ रोकता है मुझे।
मैं फूल तोड़ने वालों में था पता है मुझे।

जवाब आए न आए मगर ख़ुदा के लिए,
मैं अपने आप से पूछूँ तो क्या हुआ है मुझे।

उसे बताओ कि दुनिया हूँ दीं नहीं हूँ मैं,
पढ़े बग़ैर जो आँखों से चूमता है मुझे।

अजीब बात है लेकिन अजीब है तो है,
बिछड़ गया है जो मुझसे वही मिला है मुझे।

मैं अपने आप से कुछ दूर छुप के बैठा हूँ,
ये देखने के लिए कौन देखता है मुझे।

यूँ टहनियों से हवा फूल ले के आई है,
कि जैसे अपनी उदासी को पूजना है मुझे।

ये सोचता हूँ कि अब ख़ुद को मुस्तरद कर दूँ,
तमाम शह्र ही तस्लीम कर चुका है मुझे।

ये अब जो मिम्बर-ए-शब[1] से मैं ख़ुत्बा देता हूँ,
किसी के ख़्वाबों का इक लम्बा तज्रबा है मुझे।

---

1. रात का मंच

92

मिम्बर-ए-शब से बदन ख़ुत्बा-ए-जाँ देने लगा।
ये चराग़ इतना जला था कि धुआँ देने लगा।

उसने तो बस यूँ ही पूछा था मेरे हो के नहीं,
और मैं डर गया इतना कि ज़बाँ देने लगा।

मैं कि इक रोज़ हुआ शह्र-ब-दर उसके बा'द,
दश्त हर रोज़ मुझे जा-ए-अमाँ देने लगा।

मैंने मूसा की परस्तिश में गुज़ारी इक उम्र,
फिर तो रस्ता मुझे हर आब-ए-रवाँ देने लगा।

वर्ना किस दर्जा अँधेरा था मेरे सीने में,
वो बहार आई कि लौ ज़ख़्म-ए-ख़िज़ाँ देने लगा।

मेरी आँखों में चमकती हुई वहशत देखी,
फिर तो जंगल भी मेरे हक़ में बयाँ देने लगा।

तेरे हाथों की मसीहाई के सदक़े जानाँ,
भरते-भरते मेरा हर ज़ख़्म निशाँ देने लगा।

93

दूर तक कोई भी इस वक़्त नज़र में नहीं है।
जो किसी रंज में वहशत में कि डर में नहीं है।

बातें करता हूँ तो करता ही चला जाता हूँ,
इन दिनों यूँ भी कोई दूसरा घर में नहीं है।

देर हो जाती जो ऐराब[1] लगाता तेरा ग़म,
मैं वो तहरीर हूँ जो ज़ेर-ओ-ज़बर में नहीं है।

कट चुका है कोई आधे से ज़ियादा ये शजर,
दर्द अब तक मगर आवाज़-ए-शजर में नहीं है।

अपने मलबे में दबा होना बड़ी बात नहीं,
वो भी घर में है मेरी जान जो घर में नहीं है।

फड़फड़ाता है बहुत क्यों ये परिन्दा देखो,
आसमाँ जैसी कोई चीज़ तो पर में नहीं है।

डूब जाना मेरा इस बार ज़रूरी है बहुत,
और कश्ती है कि इस बार भँवर में नहीं है।

---

1. मात्राएँ

मैं वो ठँडक जो तेरे दिल तक अभी पहुँची नहीं,
तू वो सौदा जो अभी तक मेरे सर में नहीं है।

हाथ उठा कर मुझे रोते हैं दुआ में सब लोग,
वो हुनर हूँ जो किसी दस्त-ए-हुनर में नहीं है।

इस कड़ी धूप में इश्क़ और सफ़र कैसे करे,
साया-ए-जिस्म कहीं राहगुज़र में नहीं है।

ज़िन्दगी ध्यान दे इस पर कि ये सरकश लड़का,
मौत के सिह्र[1] में है तेरे असर में नहीं है।

1. जादू

94

ख़ामुशी पर मेरी आवाज़ का साया था कभी।
मैंने इक शख़्स को चुप रह के बुलाया था कभी।

ऐ नए दोस्त! तेरे हुस्न की लौ के सदक़े,
इक चराग़ ऐसा ही मैंने भी जलाया था कभी।

अब जो बीमार पड़ा हूँ तो ख़याल आता है,
इक मसीहा को भी सीने से लगाया था कभी।

मैं नज़र आया तो आँखों को दुआ दी उसने,
यानी इक शख़्स मुझे देखने आया था कभी।

ख़ुद को जलता हुआ देखें तो ख़याल आता है,
अपने होंठों से हमें उसने बुझाया था कभी।

तुम मज़ाक़ इसको समझते हो मगर मैंने तो,
ज़िन्दा रहने के लिए ज़ह्र भी खाया था कभी।

ये धुआँ देख के इतना तो समझ आता है,
आग-पानी ने यहाँ खेल जमाया था कभी।

95

तुझसे वाबस्ता कोई ग़म नहीं रखने वाले।
जिसको रखना हो रखे, हम नहीं रखने वाले।

अपने उलझे हुए बालों की क़सम हम इस बार,
तेरी ज़ुल्फ़ों में कोई ख़म नहीं रखने वाले।

ख़ाक-ए-तन हो कि तेरी दीद को तरसी हुई आँख,
कुछ भी हो जाए हम अब नम नहीं रखने वाले।

जबकि जलना ही मुक़द्दर है तो हम इश्क़ की लौ,
उम्र-ए-तारीक में मद्धम नहीं रखने वाले।

एक-इक नक़्श उभारेंगे ब-ज़र्ब-ए-वहशत[1],
हम तेरी शक्ल को मुब्हम नहीं रखने वाले।

हम तो क़ायल हैं तवाज़ुन[2] के सो ग़म हो कि ख़ुशी,
कुछ ज़ियादा नहीं कुछ कम नहीं रखने वाले।

एक हव्वा की मुहब्बत के सिवा सीने में,
और कुछ हज़रत-ए-आदम नहीं रखने वाले।

---

1. पागलपन की चोट से, 2. सन्तुलन

96

कूज़ागर ख़ुश हैं बहुत मर्तबा-ए-ख़ाक से हम।
बन भी जाएँ तो अब उतरेंगे नहीं चाक से हम।

जी में आता है कोई आग लगा दे आ कर,
जा-ब-जा उगने लगे हैं ख़स-ओ-ख़ाशाक से हम।

हमको रखता है कोई और बदन पर अपने,
ख़ुद को ढँकते हैं किसी और की पोशाक से हम।

हममें क्या पड़ते हैं अब भी तेरी वहशत के भँवर,
ज़िन्दा लौट आए तो पूछें किसी तैराक से हम।

ख़ुद को रोने के लिए कम तो है दामान-ए-ज़मीं,
पर ये शिकवा भी कहाँ करते हैं अफ़्लाक से हम।

रहते-रहते कुछ उबल पड़ता है सीने में, और,
फूट पड़ते हैं किसी चश्मा-ए-बेबाक से हम।

साफ़ दिखता ही नहीं है कोई चेहरा तेरे बा'द,
देखते सब हैं मगर दीदा-ए-नमनाक[1] से हम।

---

1. नम आँख

इश्क़ को फ़ुर्सतें कब थीं कि वज़ाहत करता,
ख़ुद पे ज़ाहिर हुए हैं हुस्न के इदराक[1] से हम।

तुझमें तर्मीम ज़रूरी है मेरी जान-ए-ग़ज़ल,
मुतमइन हैं ही नहीं मतला-ए-पेचाक से हम।

ख़ून में ज़ह्र की मिक़दार कुछ इतनी है न पूछ,
ठीक होने के नहीं अब किसी तिर्याक[2] से हम।

---

1. विवेक, 2. ज़ह्र की काट

97

ये क्या कि जाते रहे अपने नाम-ओ-नंग से हम।
बरत न पाए ख़ुद अपनी ही ज़ात ढंग से हम।

ज़मीं पे आ के बताया तो लोग हँसने लगे,
कि आसमाँ पे मिले थे किसी पतंग से हम।

ज़बान सूखने लगती है जब मसाफ़त[1] में,
तो फूट पड़ते हैं सहरा के अंग-अंग से हम।

अजब नहीं उसे इर्फ़ान-ए-ज़ात[2] ही हो जाए,
मिसाल-ए-आब अगर मिल लें उसके संग से हम।

हमें तो अपने लिए हैं सियाहियाँ दरकार,
तुझे तो ख़ैर बना लें किसी भी रंग से हम।

समन्दरों की हवा को ये मुज़्दा[3] दे दिया जाए,
ख़राब होने लगे हैं ख़ुद अपने ज़ंग से हम।

---

1. यात्रा, 2. स्वयं का बोध, 3. ख़ुशख़बरी

98

आ गया देखने का ढंग मुझे।
एक हैं अब तो बू-ओ-रंग मुझे।

आसमाँ-आसमाँ फिराती है,
मेरे हिस्से की इक पतंग मुझे।

वो ही समझेगा मेरी बेचैनी,
जिसने देखा हो मेरे संग मुझे।

भूल जा मेरी अस्ल रंगत और,
अपनी मर्ज़ी से आज रंग मुझे।

मैं किसी और ही सफ़र का हूँ,
छोड़ दे फ़िक्र-ए-नाम-ओ-नंग मुझे।

किस क़दर हिफ़्ज़ है वो हुस्न न पूछ,
याद आता है अंग-अंग मुझे।

अब भला क्या हो पैरहन मेरा,
ये ज़मीं पड़ रही है तंग मुझे।

99

आबरू-ए-शब-ए-तीरा नहीं रखने वाले।
हम कहीं पर भी अँधेरा नहीं रखने वाले।

आइना रखने का इल्ज़ाम भी आया हम पर,
जबकि हम लोग तो चेहरा नहीं रखने वाले।

हमको मा'लूम हैं औज़ान-ए-मुहब्बत[1] सो हम,
कोई भी दर्द ज़ियादा नहीं रखने वाले।

हम पे फ़र्हाद का कुछ क़र्ज़ निकलता है सो हम,
तुम कहो भी तो ये तेशा नहीं रखने वाले।

तुम हमें यूँ भी मुकम्मल नहीं कर पाओगे,
हम तुम्हें यूँ भी अधूरा नहीं रखने वाले।

और कुछ कह के पुकारेंगे मुहब्बत में तुम्हें,
नाम रक्खा भी तो 'हुस्ना' नहीं रखने वाले।

---

1. मुहब्बत का वज़न

100

तमाम ज़ह्र ही तिर्याक़[1] हो गया हम पर।
कि मौत आई भी और मर नहीं गए हम लोग।

वहीं पे ज़िक्र हमारा किया गया अक्सर,
वो महफ़िलें जहाँ अक्सर नहीं गए हम लोग।

कहीं का सोग कहीं और क्या मनाते हम,
सो घर से रूठ के दफ़्तर नहीं गए हम लोग।

अजब-सी शक्ल में ढाला है हमको वहशत ने,
विसाल-ओ-हिज्र किसी पर नहीं गए हम लोग।

किसी तरह का नशा था न बेख़ुदी थी मगर,
कोई सड़क हो बराबर नहीं गए हम लोग।

हमारा दुःख भी हमारी तरह अकेला था,
सो उसके साए से उठ कर नहीं गए हम लोग।

हवा दबाव बनाती रही प' ज़ेर-ए-शब,
कोई चराग़ बुझा कर नहीं गए हम लोग।

---

1. विष नाशक

101

अपनी आवाज़ की ख़ैरात नहीं की उसने।
हमने चाहा भी मगर बात नहीं की उसने।

आख़िरी बार मुलाक़ात तो करता मुझसे,
आख़िरी बार मुलाक़ात नहीं की उसने।

इश्क़ का सारा सफ़र धूप में गुज़रा इस बार,
जाने क्या सोच के बरसात नहीं की उसने।

दिन-भर आते तो रहे ज़ेहन में कितने ही सवाल,
शब मगर नज़्र-ए-सवालात नहीं की उसने।

ज़िन्दगी वो जो मेरे साथ ही करना थी उसे,
ज़िन्दगी वो जो मेरे साथ नहीं की उसने।

उम्र-भर जलती रहीं आँखें मगर जाने क्यों,
उनके कहने से कभी रात नहीं की उसने।

102

सुब्ह-ए-काज़िब[1] तेरी बुनियाद नहीं हैं हम लोग।
होंगे तारीक प' शब-ज़ाद नहीं हैं हम लोग।

कोई ज़ंजीर नहीं पा-ए-तमन्ना[2] में मगर,
दिल ये कहता है कि आज़ाद नहीं हैं हम लोग।

इश्क़ मूजिद[3] है सो ईमान उसी पर रक्खा,
हुस्न-ए-काफ़िर तेरी ईजाद नहीं हैं हम लोग।

हमने मुश्किल से ये उस्लूब[4] किया है दर्याफ़्त,
ऐ हुनर! देख! ख़ुदादाद नहीं हैं हम लोग।

हैं तो वहशी ही मगर हाथ में तेशा नहीं है,
रश्क-ए-फ़र्हाद हैं फ़र्हाद नहीं हैं हम लोग।

घर हो दफ़्तर हो कि महबूब की महबूब गली,
इन दिनों तो कहीं आबाद नहीं हैं हम लोग।

इसकी उसकी तो मदद ख़ूब की, करते भी हैं,
सिर्फ़ इक अपनी ही इम्दाद नहीं हैं हम लोग।

1. झूठी सुबह, 2. तमन्ना के पाँव, 3. ईजाद करने वाला, 4. शैली

हाकिम-ए-वक़्त! इन आँखों में ज़रा ग़ौर से देख,
दर्द ही दर्द हैं फ़रियाद नहीं हैं हम लोग।

पास आ छू के हमें देख यूँ डरता क्या है,
सैद[1] हो सकते हैं सय्याद नहीं हैं हम लोग।

दास्ताँ हो गए जो लोग उन्हें है ये रंज,
याद किसको हैं किसे याद नहीं हैं हम लोग।

---

1. शिकार

103

बा'द का हर इक रंज हैं मुह्मल हर इक ज़र्ब इज़ाफ़ी है।
उसके ख़याल का एक ही पत्थर शीशा-ए-ज़ात पे काफ़ी है।

यूँ तो हज़ारों लोग हैं इस आबाद ख़राबे में, लेकिन,
अपना अपना ज़ियाँ[1] ही सभी हैं, कौन किसी की तलाफ़ी[2] है।

मैंने कहा मुश्किल है निभाना उसने कहा कुछ मुश्किल नहीं,
नस्री नज़्म है मेरा तसव्वुर दिल पाबन्द-ए-क़वाफ़ी[3] है।

जिससे गुज़र कर अपनी ख़ता पर आप ही आ जाता है प्यार,
उसकी मुहब्बत मेरे लिए इक ऐसा बाब-ए-मुआफ़ी है।

इक अख़बार निकलता तो है हुस्न के कूचे से हर शाम,
इश्क़ के ज़ेर-ए-इदारत[4] है जो इश्क़ ही जिसमें सहाफ़ी[5] है।

तुझ से बिछड़ कर और किसी से मिलने लगूँ मैं मुम्किन है,
उससे बिछड़ कर तुझसे मिलना भी तो वादाख़िलाफ़ी है।

एक भी काम अगर बन जाये एक बिगड़ना तय है मेरा,
अबके ज़माना मेरी तरफ़ है और दिल है कि मुनाफ़ी[6] है।

---

1. नुक़सान, 2. भरपाई, 3. 'काफ़िया' का बहुवचन, 4. सम्पादन, 5. पत्रकार, 6. ख़िलाफ़

104

ग़ुबार-ए-क़रिया-ए-उम्मीद[1] भी नहीं होती।
वो आँख जिसको तेरी दीद भी नहीं होती।

ये लोग रूह पे नाज़ाँ तो हैं मगर इनसे,
ख़ुद अपने जिस्म की तर्दीद[2] भी नहीं होती।

तू पढ़ रहा है तो मुझको मज़ीद ध्यान से पढ़,
कई किताबों में तम्हीद[3] भी नहीं होती।

मैं एक कुह्ना रवायत हूँ इश्क़ की लेकिन,
किसी के हुस्न से तज्दीद[4] भी नहीं होती।

कभी-कभी मेरे आगे ज़माना चलता है,
कभी ज़माने से तक़्लीद[5] भी नहीं होती।

कहाँ की मद्‌हसराई[6] कहाँ की हम्द-ओ-सना[7],
कि हमसे हुस्न पे तन्क़ीद भी नहीं होती।

अजीब फ़ैसला-ए-आब-ओ-गिल हूँ मैं 'अभिषेक',
कि मुझसे ख़ुद मेरी ताईद[8] भी नहीं होती।

---

1. उम्मीद की गली का ग़ुबार, 2. रद करना, 3. भूमिका, 4. नवीनीकरण, 5. अनुकरण, 6. प्रशंसा, 7. स्तुति, 8. स्वीकार करना

105

शौक़-ए-नज़्ज़ारा तुझे भी हो अगर, देख कभी।
मौसम-ए-संग-ज़नी[1] में मेरा सर देख कभी।

मैं वो 'नम-बख़्त' कि सूखे नहीं आँसू जिसके,
ऐ कड़ी धूप! मुहब्बत से इधर देख कभी।

अपने बीमार पर ऐ रश्क-ए-मसीहा इक रोज़,
जो दवा दी ही नहीं उसका असर देख कभी।

उसकी हर शय से बयाबाँ के उभरते हैं नुक़ूश,
ख़ुद में जंगल हो जो उस शख़्स का घर देख कभी।

यादें आ-आ के जलाती हैं गए दिन के चराग़,
कैसे हो जाते हैं कुछ लोग खँडर देख कभी।

तूने आँखें तो सर-ए-रौज़न-ए-शब[2] रख दी हैं,
अब कोई ख़्वाब ब उन्वान-ए-सहर देख कभी।

ख़ाक को कीमिया करने का हुनर है इसमें,
कटने से पहले मेरा दस्त-ए-हुनर देख कभी।

डूब जाते हैं उसे डूब के सुनने वाले,
उसकी आवाज़ में पड़ते हैं भँवर देख कभी।

---

1. पथराव, 2. रात के छिद्र पर

106

तुमको है ये दावा कि ख़ुदा अपना है, ख़ुदाई है अपनी।
हक़ तो ये है कि ख़ुद अपने तक भी ख़ाक रसाई है अपनी।

अपने बयान का मोल समझ कर चुप हैं जो लोग ग़नीमत हैं,
तुमने ज़बाँ गिरवी रख कर आवाज़ कमाई है अपनी।

ये जो खिले हैं फूल जले हैं चराग़ ये अपना मिलन ही तो हैं,
ये जो लहू बिखरा है ज़मीनों पर ये जुदाई है अपनी।

मुझको मेरे ग़ुस्से की ख़बर है ख़ुद से बहुत नाराज़ हूँ मैं,
आज तो दिन-भर रह-रह कर बस ख़ैर मनाई है अपनी।

कैसी मुबारक जंग लड़ी है उसकी तमन्ना से इस बार,
फ़ातेह हैं हम जान गँवा कर जान बचाई है अपनी।

इश्क़ अकेली ढाल है और हर सम्त से हमले हैं हम पर,
दीन से झगड़ा है अपना दुनिया से लड़ाई है अपनी।

तुम ये सुलगता लहजा लेकर और कहीं तक़रीर करो,
हमने बड़ी मुश्किल से लगी हुई आग बुझाई है अपनी।

कौन-सा दर था किसको पुकारा करते थे याद नहीं है मगर,
हमने इसी बस्ती में कहीं आवाज़ गँवाई है अपनी।

जान में ये जो उजाला-सा है जिस्म में ये जो दमक-सी है,
हो न हो उसने मेरे साये को धूप दिखाई है अपनी।

107

देख ऐ ताब-ए-समा'अत[1]! कि बरहना[2] है अभी।
उसकी आवाज़ ने कुछ भी नहीं पहना है अभी।

धूप इतनी है कि डरता हूँ कहीं भूल न जाऊँ,
अपनी परछाईं से जो कुछ मुझे कहना है अभी।

उसके मलबे में दबी होगी मेरी उम्र-ए-ख़राब,
जिस इमारत को तेरे सामने ढहना है अभी।

दीद की तपती हुई रेत पे रम[3] करने के बा'द,
फूट कर आबला-ए-चश्म को बहना है अभी।

अपनी तन्हाई कहीं और लुटा जान-ए-मुराद,
मुझको इक उम्र इसी भीड़ में रहना है अभी।

फूट जाएँ न ये मंज़र की सहरख़ेज़ी से,
मेरी आँखों को तेरा ख़्वाब भी सहना है अभी।

जब तक आती नहीं इम्दाद किसी दरिया से,
मौज-दर-मौज यूँ ही प्यास में बहना है अभी।

---

1. सुनने की क्षमता, 2. नग्न, 3. गुम होना

108

तुम्हारे रंज को रंज-ए-दवाम कर लिया है।
किसी के बस का नहीं था जो काम, कर लिया है।

कुछ ऐसे क़ि'अत[1]-ए-शब में लगे हैं मेरे चराग़,
तमाम अँधेरों को अपना ग़ुलाम कर लिया है।

ढली जो धूप तो जिस्मों को ये ख़याल आया,
किसी ने लगता है सायों को राम कर लिया है।

वो इक हलाल तमन्ना थी जिसके ज़ेर-ए-असर,
ख़ुद अपने आप को ख़ुद पर हराम कर लिया है।

ये और बात कि बे नंग-ओ-नाम थे हम लोग,
तेरी गली में मगर ख़ूब नाम कर लिया है।

हवाएँ पाँव पटकती हैं बैन करती हैं,
ये किसके हब्स ने इनसे कलाम कर लिया है।

तुम्हारे ग़म की जुनूँ पर्वरी पे हर्फ़ नहीं,
हमीं ने क़िस्सा-ए-वहशत तमाम कर लिया है।

---

1. पढ़ना

अब इसकी और वज़ाहत नहीं करेंगे हम,
वो पुख़्तगी थी कि बस ख़ुद को ख़ाम[1] कर लिया है।

उधर तो आने न आने की कश्मकश है अभी,
इधर अभी से हर इक ताम-झाम कर लिया है।

बस इक रिहाई न दे और जो करे सो करे,
किसी ने हमको अगर ज़ेर-ए-दाम कर लिया है।

तमाम ज़ात असीर[2]-ए-सहर रखी हमने,
बस एक दिल को गिरफ़्तार-ए-शाम कर लिया है।

झिझक रहे थे बहुत ज़िन्दगी के आगे हम,
सो आँख उठाई नहीं और सलाम कर लिया है।

नमाज़-ए-शौक़ अदा करके देखना था हमें,
सो उसके हिज्र को अपना इमाम कर लिया है।

1. कच्चा, 2. क़ैदी

109

तेरा वहशी तेरे अश'आर में ज़िन्दा नहीं है।
यानी अभिषेक! तू अब प्यार में ज़िन्दा नहीं है।

जाविदानी वो लतीफ़ा है कि हँसते रहिये,
कोई भी इस अजल-आसार में ज़िन्दा नहीं है।

दम घुटा जाता है हर शख़्स का अन्दर-अन्दर,
कोई खिड़की किसी दीवार में ज़िन्दा नहीं है।

हुस्न मक़्सूद है आँखों में मेरी ग़ौर से देख,
इश्क़ ज़िन्दा है तो बेकार में ज़िन्दा नहीं है।

मर गया है मेरा मजनूँ भी कहीं सहरा में,
और फ़र्हाद भी कुहसार में ज़िन्दा नहीं है।

मरने लगती हैं ख़रीदी हुईं चीज़ें अक्सर,
और बिक जाए जो बाज़ार में ज़िन्दा नहीं है।

मुर्दनी है तेरे इज़्हार-ए-मुहब्बत में बहुत,
एक भी लफ़्ज़ इस इज़्हार में ज़िन्दा नहीं है।

मेरा किरदार तो ज़िन्दा है कहानी में मगर,
ख़ुद कहानी मेरे किर्दार में ज़िन्दा नहीं है।

बातें करती हैं छतें बोलते रहते हैं दर,
सिर्फ़ घर है कि जो घर-बार में ज़िन्दा नहीं है।

मुझमें मरता ही नहीं है वो जुनूँ, उम्र हुई,
हाँ गिरेबाँ के किसी तार में ज़िन्दा नहीं है।

110

ज़बाँ से ज़ह्र-ए-तज़ब्ज़ुब[1] न चाट, रहने दे।
हर इक बयान को सीधा-सपाट रहने दे।

तू अपनी फ़िक्र कर अपना ख़याल रख प्यारी,
बला से हो जो मेरा जी उचाट रहने दे।

किसी को चाँद दिखे और किसी को नान-ए-जवीं,
फ़लक-सिलेट पे हल्का सा डॉट रहने दे।

नदी की गर्दन-ए-नाज़ुक पे मुह्र-लब उभर आए,
अगर तू प्यास मेरी घाट-घाट रहने दे।

वो शब गुनाह न थी और न इश्क़ मुजरिम है,
सज़ा की तरह हर इक दिन न काट, रहने दे।

महाज़[2]-ए-दीदा-ओ-दिल सर तो कर चुका है तू,
करम कर इतना यहाँ लूट-पाट रहने दे।

हमारे मर्तबा-ए-ख़ाक में कमी न हो बस,
ये आन-बान ये सब ठाट-बाट रहने दे।

हर एक दावे को मंतिक़[3] की तेज़ धार पे रख,
फ़क़त ज़बाँ से ज़बाँ को न काट रहने दे।

---

1. अस्थिरता, 2. मोर्चा, 3. तर्क

111

जिस्म गदा[1] और जान सवाली[2]।
दोनों का दामन ख़ाली-ख़ाली।

आम जुनूँ मेरा भी कहाँ है,
हुस्न कुछ उसका भी है मिसाली।

अपने बरहना दुःख से कहियो,
रात पहन ले ढीली-ढाली।

उम्र किनारे लग गई यूँ ही,
इश्क़ ने बात से बात निकाली।

जिनको छुआ अश'आर में वो हैं,
थे तो कई अस्नाम[3]-ए-ख़याली।

मैं ने कहा मैं तेरा कहाऊँ,
उसने भी मेरी बात न टाली।

जान तक आ पहुँचा वो छन कर,
रोक न पाई जिस्म की जाली।

---

1. भिक्षुक, 2. भिक्षुक, 3. महबूब

उसका चमकता तसव्वुर है और,
रातें हमारी काली-काली।

मैंने कहा बीमार हूँ तेरा,
तंज़ किया उसने कि 'दवा ली?'

112

मैं एक गुम्बद-ए-बेदर हूँ गोश-बर-आवाज़[1]।
सो मुझमें गूँजती रहती है मेरी हर आवाज़।

वो जग गया तो तुझे भी जगाएगा ता-उम्र,
कि हुस्न नींद में है इश्क़! यूँ न कर आवाज़।

मेरी शिनाख़्त जो पूछो तो सिर्फ़ इतनी है,
वो ख़ामुशी जो पहनती है जिस्म पर आवाज़।

न ढूँढ़ पाए जो बरसों में अपना इक सा'मे[2],
नज़र से क्यों न गिरे ऐसी कम नज़र आवाज़।

अवाम हैं ये जो चीख़े तो फट पड़ेगी ज़मीं,
ज़ियादा देर न रख इनकी बाँध कर आवाज़।

अजीब फ़ैसला आया ज़बान के हक़ में,
ख़मोशी साहिब-ए-ख़ाना हो दर-ब-दर आवाज़।

सुनाई पड़ता रहूँ उस ग़ज़ाल को ता-उम्र,
कली-कली मेरे लब हों शजर-शजर आवाज़।

---

1. आवाज़ पर कान लगाये हुए, 2. सुनने वाला

फ़लक वो संग-ए-समा'अत है जिस से टकराकर,
बिखर गई कई सीनों में टूटकर आवाज़।

बरसता रहता था इक शख़्स जान-ओ-दिल पे मेरे,
उसी के लहजे में अब भी है तर-ब-तर आवाज़।

सहर हुई ही हुई बस कि शब कटी ही कटी,
निकलने वाली है फिर अपने काम पर आवाज़।

मुतफ़र्रिक़ अश'आर

मैं अपने चारों तरफ़ हूँ और इस तरह का हुजूम।
अजीब क़िस्म की तन्हाई साथ लाता है।

*

इसका इम्काँ[1] भी न था पिछले पहर तक मुझको।
दश्त ले आएगा ख़ुद मेरे ही घर तक मुझको।

मैं वही ख़्वाब जो डरता था बहुत पानी से,
कौन ले आया तेरे दीदा-ए-तर तक मुझको।

*

ख़ाक और ख़ून में रिश्ता नहीं बनने पाता।
इक तसव्वुर है जो चेहरा नहीं बनने पाता।

खेलता रहता हूँ मिट्टी से बराबर सर-ए-चाक,
जाने क्या बनता है और क्या नहीं बनने पाता।

*

हवा में हूँ न कहीं आग में न पानी में।
तो मैं कहाँ हूँ अनासिर[2] की इस कहानी में।

ये आईना भी तेरी ज़ात के मुशाबेह[3] है,
दिखाई पड़ने लगा हूँ मैं गहरे पानी में।

---

1. सम्भावना, 2. तत्त्व, 3. मिलता-जुलता

अजीब सानेहा है उस बुज़ुर्ग दश्त की मौत,
लगे हुए हैं कई शह्र नौहाख़्वानी में।

*

मेरी मिट्टी से जो बनता है शब भर में बना डालो।
सहर होते ही मेरा जिस्म पत्थर होने वाला है।

यही दीवार जो कहती थी मुझसे आओ सर फोड़ो,
बहुत जल्दी इसी दीवार में दर होने वाला है।

मेरी आँखें न देखो तुमको नींद आए तो सो जाओ,
ये हंगामा तो इन आँखों में शब भर होने वाला है।

मैं अपनी ज़द पे हूँ और मुन्हरिफ़[1] हूँ इन दिनों अपना,
मेरा हमला भी शायद मेरे ऊपर होने वाला है।

*

ये जो शोरीदा-सरी है इसे आराम न आए।
अब कुछ ऐसा हो तेरा वस्ल मेरे काम न आए।

उस कहानी में बजुज़ मेरे कोई और न हो,
बावजूद इसके कहीं पर भी मेरा नाम न आए।

*

क्या किया जाए अगर शह्र की आदत न पड़े।
और वहशत के मुताबिक़ कोई सहरा भी न हो।

तू वही नींद जो पूरी न हुई हो शब-भर,
मैं वही ख़्वाब कि जो ठीक से टूटा भी न हो।

*

1. विपक्षी

बनाना पड़ता था अक्सर बिगाड़ कर ख़ुद को।
सो मैंने रख ही दिया तोड़-ताड़ कर ख़ुद को।

अब इसके बा'द मेरी क़ुव्वत-ए-नुमू[1] जाने,
मैं लौट आया हूँ मिट्टी में गाड़ कर ख़ुद को।

किसी ने फेंक दिया था कि ख़ाक हो जाऊँ,
और एक मैं कि उठा लाया झाड़ कर ख़ुद को।

*

मुझमें रह जाएगा इक शख़्स हमेशा की तरह।
ये वो जंगल है कि वीरान भी कितना होगा।

ज़िन्दगी लम्हा-ए-इम्काँ के सिवा कुछ भी नहीं,
और ये लम्हा-ए-इम्कान भी कितना होगा।

*

ज़माँ मकाँ की हर इक क़ैद से निकलता हुआ।
मैं तेज़ चलता हुआ और तेज़ चलता हुआ।

मैं अक्स-अक्स गुज़र जाऊँगा कुछ इक पल में,
तमाम आइनाख़ानों पे ख़ाक मलता हुआ।

*

हवा-ए-ख़्वाब में आँखों का कुछ नहीं बचता।
ख़याल रख कि तुझे नींद आने वाली है।

*

मुझे जवाब मिले और मैं मुतमइन हो जाऊँ।
सो अपने आगे किसी दिन सवाल रख मेरा।

*

1. उगने की ताक़त

तपते सहराओं में सैलाब भी देखा हमने।
यानी सोए भी नहीं ख़्वाब भी देखा हमने।

उसको पाया भी बहुत उसको गँवाया भी बहुत,
यानी इक शख़्स को नायाब भी देखा हमने।

डूबती जाती थी दुनिया भी जहाँ दिल की तरह,
अपने सीने में वो गिर्दाब भी देखा हमने।

*

दीदा-ओ-दिल के किसी बाब में आया ही नहीं।
वो हक़ीक़त था मेरे ख़्वाब में आया ही नहीं।

*

मैं इक ख़याल हूँ शीशे की तरह का बिल्कुल।
सो अपने ज़ेह्न में मुझको ज़रा सँभाल के ला।

मैं रिन्द-ए-वक़्त हूँ दुनिया गिलास है मेरा,
सो ऐ ज़माना-ए-वहशत इसे खँगाल के ला।

*

हो अगर तब्सरा-ए-आब-ओ-हवा होता रहे।
तू शजर-ज़ात अगर है तो हरा होता रहे।

बन्दगी छोड़ चुका हूँ सो ख़ुदावन्द-ए-जहाँ,
जिसको होना हो मेरे आगे ख़ुदा होता रहे।

*

चंद लम्हों की गिरानी[1] का गिला कौन करे।
वक़्त हो तुम तो बहरहाल गुज़र जाओगे।

1. भारीपन

हद से हद एक निशाँ तुमसे रहेगा मंसूब,
ज़ख़्म होने की सज़ा ये है कि भर जाओगे।

*

मैं एक चीख़ हूँ और चीख़ भी क़यामत की।
सो तेरे हुस्न-ए-समा'अत से कुछ नहीं होगा।

*

तूने फूलों से महक ली है ज़मीं से रंगत।
बाग़ ने हश्र उठाया तो सज़ा होगी तुझे।

मैंने इस तरह तेरी ज़ात में फूँका है इश्क़,
जा मेरे दोस्त! बहुत जल्द शिफ़ा[1] होगी तुझे।

*

वो एक ख़्वाब जो आँखों से बातें करता था।
वो एक ख़्वाब भी कल रात से सुना चुप है।

अजब सफ़र है खनकती हुई सदाओं का,
कि इस सफ़र में मुझे जो कोई मिला चुप है।

1. आरोग्य

आभार

उर्दू शा'इरी की तरफ़ मैं आया तो ख़ुद था मगर जिन लोगों ने मुझे एहसास कराया कि मैं पराया नहीं, बल्कि दरअस्ल पराया कोई नहीं होता सब अपने होते हैं और जिन्हें देख कर मैंने ये सीखा कि सीखने की न तो कोई उम्र होती है और न सीमा उनमें पहला नाम पंडित आजिज़ मातवी मर्हूम का है। त्रिलोचन शास्त्री कहते हैं न कि 'तुलसी बाबा भाषा हमने तुमसे सीखी' मैं अगर कहता तो 'आजिज़' बाबा कहता। इसी सिलसिले में निर्मल दद्दा (डॉ. निर्मल दर्शन) का नाम भी आता है कि वो ख़ुद आजिज़ साहब के शागिर्द थे और उस वक़्त कि जब किसी पौधे को सबसे ज़ियादा देखभाल की ज़रूरत होती है कि वो पनप सके, उन्होंने मेरी देख-भाल की, वो न होते तो मैं भी कहाँ होता? फिर आती हैं जूली, उनका आभार इसलिए भी बनता है कि इस किताब में सिर्फ़ मेरा नहीं बल्कि उनके हिस्से का वक़्त भी लगा है। मेरे जैसे शख़्स को किसी अनुशासन में लाकर किताब मुकम्मल करवा ले जाना उन्हीं के बस की बात थी या फिर हिमांशु बाजपेयी की। हिमांशु जान-ए-अज़ीज़ हैं, उनका मुझ पर और इस किताब पर यक़ीन मेरे लिए बेहद ख़ास है। ये किताब आपके हाथों में न होती अगर इसकी ज़िम्मेदारी ख़ुद हिमांशु ने न उठाई होती। मैं निर्मल दद्दा को लखनवी ज़हानत की आबरू कहता था। दद्दा के बा'द एक हिमांशु के अलावा मेरी नज़र में कोई दूसरा नहीं जिसे मैं उस तसव्वुर के आस-पास रख सकूँ। हिमांशु का नाम इसलिए भी ख़ास है कि इन्हीं के नाम पर आ कर ये भी लगा कि दरअस्ल आभार व्यक्त करने में कई बार दुई पैदा हो जाने का ख़तरा भी होता है और यहाँ जिन तमाम लोगों का ज़िक्र आया है या आएगा वो मेरी ज़ात का हिस्सा हैं। मैं उनसे अलग कुछ भी नहीं। इसी सिलसिले में मस्तो, महेंद्र भाई, सालिम सलीम भाई और अमीर भाई, जो मेरे शे'री सफ़र के सबसे मो'तबर गवाह हैं और नोमान शौक़ साहब, शारिक़ साहब, जिनकी मुहब्बत और हौसला अफ़ज़ाई मुझे हमेशा मिलती रही है, का भी आभार। मैं अक्सर सोचता हूँ तो पाता हूँ कि आजिज़ साहब के इल्म ने मुझे बोलना सिखाया है, चुप रहना मुझे फ़रहत साहब के इल्म ने सिखाया। फ़रहत साहब मुझ जैसे तमाम लिखने-पढ़ने वालों का हौसला हैं कि उन्हें मैंने सही को सही और ग़लत को ग़लत कहते हुए पाया है। मंच और जगह कोई भी हो, ऐसा एक भी शख़्स इस समाज में, जहाँ सब सिर्फ़ अपना फ़ायदा-नुक़सान देख रहे हैं, ग़नीमत है। उनका ढेर सारा आभार। मेरी ख़ुशनसीबी कि मुझे रमेश चन्द्र द्विवेदी

और वारिस किर्मानी मर्हूम का भी बहुत प्यार मिला, अफ़सोस कि ये दोनों इस मौक़े पर हमारे बीच नहीं। मनीष दद्‌दा (मनीष शुक्ल) जैसा मददगार और शफ़ीक़ शख़्स लखनऊ में शायद ही कोई दूसरा हो, उनके साथ ही कैलाश भइया, अंशु भइया, श्रुति भाभी, मोनिका भाभी के अपनत्व और यक़ीन का भी शुक्रिया। अस्मा सलीम जी का भी आभार कि इस किताब के आने की मुझसे ज़ियादा ख़ुशी मैंने उनके यहाँ देखी, उनके तमाम मश्वरे इस किताब को और मुझे मिलते रहे हैं। दोस्तों के दोस्त देवेश मलिक और उसके पूरे परिवार का आभार कि ये लोग बेहतरीन इंसान व बेहतरीन दोस्त लोग हैं। देवेश जैसा एक भी दोस्त किसी की उम्र-भर की कमाई होता है। आभार मेरे बाद शे'र कहने वाली पीढ़ी के तमाम नौजवान साथियों का भी, जिन्हें देख कर मैं बहुत कुछ सीखता हूँ। आभार 'साझी दुनिया' और 'धाम' के तमाम साथियों का, ख़ास तौर से अंकित भदौरिया 'अक्स' मेरे छोटे भाई का कि जिसने इस किताब पर जो मेहनत की है, उसका बदल नहीं। मेहर आलम ख़ान साहब और वरुण ग्रोवर भाई, सौरभ द्विवेदी भाई, आप तीनों ने भी प्रेरित किया कि किताब आ जाये, ख़ास तौर से सौरभ भाई, आपका आभार। मेरे ज़ेहन में अपनी शा'इरी को लेकर कोई बात कोई विचार रहा हो या नहीं, अपनी किताब को लेकर कभी कुछ नहीं था। अब ये आसानी थी कि मुश्किल, मैं नहीं जानता मगर इससे जिन्होंने मुझे बाहर निकाला, निजात दिलायी और ये यक़ीन पैदा किया कि किताब छप सकती है, वो हैं सत्यानंद निरुपम जी। मेरी नालायक़ी पर, ताख़ीर पर बस उन्होंने कान नहीं खींचे, ये उनकी मुहब्बत है, उनका बहुत आभार। मलय और दीदी आप दोनों मेरी ज़िन्दगी का ज़रूरी हिस्सा हैं, ये किताब आपकी भी है, आप दोनों का भी आभार।

लोगों का आभार व्यक्त करते हुए मुझे बराबर एहसास है कि बहुत से अहम नाम अभी भी छूट रहे होंगे, ये वही हाल है कि :

क्या क़यामत है कि सौ बार के सोचे हुए लोग,
सामने आये तो ताख़ीर से पहचाने गए।

वो तमाम लोग जिनका नाम सौ बार सोच कर भी बरवक़्त ज़ुबान पर नहीं आता, ज़ाहिर है उनका अपना एक 'ख़ास' मक़ाम होता है ज़िन्दगी में। सबकी तरह मेरी ज़िन्दगी में भी ऐसे कुछ लोग हैं, ये किताब उनकी भी है, उनका भी आभार। आभार हज़रत-ए-मीर (मेरे बेटे का नाम) का भी कि जिनके आने से मेरी ज़िंदगी में हज़ार नये रंग आए, नई रौशनियाँ आईं और लगा कि मैं दोबारा अपने बचपन को जी सकता हूँ।

आख़िर में ज़िक्र अम्मा-पापा का कि जिन्होंने मुझे चाक पर मनचाही शक्ल लेने से कभी नहीं रोका, जिनकी मुहब्बत और सब्र मेरे लिए हमेशा मिसाली रहे और जिन्हें देख कर हमेशा मुझे फ़ख़्र हुआ कि ये मेरे अम्मा-पापा हैं।

✪✪✪